Chuanbo Caozong Moni Jishu yu Gongcheng Yingyong

船舶操纵模拟技术与工程应用

杨宗默　李晓松　王义安　马殿光　孔宪卫　编著

人民交通出版社股份有限公司

北　京

内 容 提 要

本书从理论基础、技术要求和实践应用三个层次论述船舶操纵模拟技术理论与工程应用情况，内容包括船舶操纵模拟技术的理论基础和总体发展情况、船舶操纵模拟设备的介绍、船舶操纵模拟关键技术论述、船舶操纵模拟试验的技术要求分析以及工程应用实例分析等。

本书可作为港航、航海技术相关专业的本科、研究生教学参考用书，也可作为相关专业研究人员及港航、海事管理人员的参考用书。

图书在版编目(CIP)数据

船舶操纵模拟技术与工程应用/杨宗默等编著. —北京：人民交通出版社股份有限公司，2021.3

(内河港航工程研究论丛)

ISBN 978-7-114-17027-0

Ⅰ.①船… Ⅱ.①杨… Ⅲ.①船舶操纵—模拟 Ⅳ.①U675.9

中国版本图书馆 CIP 数据核字(2021)第 019611 号

内河港航工程研究论丛

书　　名：船舶操纵模拟技术与工程应用

著 作 者：杨宗默　李晓松　王义安　马殿光　孔宪卫

责任编辑：崔　建

责任校对：孙国靖　龙　雪

责任印制：张　凯

出版发行：人民交通出版社股份有限公司

地　　址：(100011)北京市朝阳区安定门外外馆斜街 3 号

网　　址：http://www.ccpcl.com.cn

销售电话：(010)59757973

总 经 销：人民交通出版社股份有限公司发行部

经　　销：各地新华书店

印　　刷：北京虎彩文化传播有限公司

开　　本：720×960　1/16

印　　张：6.25

字　　数：108 千

版　　次：2021 年 3 月　第 1 版

印　　次：2021 年 3 月　第 1 次印刷

书　　号：ISBN 978-7-114-17027-0

定　　价：42.00 元

前　言

随着国民经济的高速发展,水路交通运输在其中扮演的角色越来越重要。水路运输作为综合交通运输体系的重要组成部分,具有资源集约利用、运输能力强大、绿色安全指数高等显著优势。水运行业的发展离不开港口、航道、码头、桥梁等基础设施的建设,这类工程项目的特点是投资多、规模大、建设周期长、涉及面广,如果发生意外事故,直接损失和间接损失巨大,具有不可逆转性,因此水运工程项目通航风险的预判和分析显得尤为重要。

船舶操纵模拟技术具有一定的前瞻性和可靠性,涉及计算机、仿真、工程控制、水动力学、船舶操纵及通信导航等技术。它是集雷达、ARPA(自动雷达标绘)及导航功能于一体,具备了雷达模拟器的全部功能,且装备了全天候视景显示系统,即可显示白天与夜间以及各种能见度的视景,也可以直观地模拟和显示船舶的航行及操纵情况、各种海况下船舶航行和靠离泊作业,并根据模拟结果的分析,提出通航要求和船舶的操船方法,为船舶航行和工程设计及论证提供科学依据。利用船舶操纵模拟器进行船舶通航安全模拟试验,不仅可以增强船舶通航安全,预估航行风险,降低工程实验费用,减少不必要的经济损失,还可以优化航道工程设计,提高水运行业的综合竞争力。

自20世纪70年代以来,经过国内金一丞教授、尹勇教授等学者和科研单位研究人员的共同努力,船舶操纵模拟器已在我国大多数航海院校和科研机构得到普及,并应用于教学、科研和工程应用之中,为减少与船舶操纵性相关的海上交通事故的发生数量、减少相应的海上财产和人命损失、保护好海洋生态环境、提高海上交通运输的安全水平提供了有力的支撑。

本书结合相关理论研究以及工程实践,针对船舶操纵模拟技术在水运工程中所发挥的作用,从仿真模拟理论出发,基于船舶操纵模拟关键技术及模拟实验具体要求，较为全面地分析梳理了相关工程的应用成果。

本书在编写过程中参考或引用了国内外学者的论著，在此表示感谢。限于作者的经验和水平，书中难免存在疏漏之处，诚请广大读者批评指正，为此我们将不胜感激！

作　者

2020 年 8 月

目　录

第1章 绪 论

1.1 仿真模拟技术概述

仿真是随着计算机技术的发展而逐步形成的一门以相似论、系统科学、计算机科学、系统工程理论、概率论和数理统计等多个学科理论为基础的新兴综合性学科。它以模型为基础建立，从而进行科学研究与试验。仿真通过对实际系统进行观察分析，建立模型，进而可以在计算机上进行模拟重现的一系列较复杂的活动。仿真连通了客观世界与科学认知，从而更方便、有效地研究真实系统的各个方面，其大体上可以分为实际系统、模型和计算机三个组成部分。

仿真模拟技术的主要应用领域从20世纪五六十年代的飞行控制系统和导弹控制系统到70年代的航天、经济管理系统，再到80年代的制造系统，进入21世纪后由于其经济、高效的特点在国防建设、国民经济、自然科学和社会科学等领域，发挥着愈加重要的作用。同时，仿真软件的发展从计算机技术应用于仿真后经历了快速发展阶段，现在正逐步形成包括数据库管理、图形交互和程序检验等工具的一体化仿真环境。当前，仿真模拟技术的发展主要呈现出研究对象从简单到复杂，构成系统的规模越来越大，分析从定量到定性定量相结合，模型系统从集中式的单个设备上运行发展到分布式、交互式、网络式的多生态运行，性能也越来越完善。

仿真模拟技术作为先进的科学技术，以其经济性好、安全性高和操作性强等特点，被广泛应用于国防、军事以及生物医学等各研究领域，并带来了巨大的社会和经济效益。仿真模拟技术也被称为除了理论研究与实物分析之外的又一种解剖现实世界的新方法，成为正确认识客观世界的又一技术手段。

船舶操纵模拟技术正是基于仿真模拟技术研发，并随仿真模拟技术的发展而进一步完善的。该技术是从动态的角度，综合考虑人、船、环境的相互作用，来全面仿真船舶的操纵过程，把对操纵运动仿真的研究从理想的无限水域的仿真转向了具体的实际水域。

1.2 船舶操纵模拟的意义和必要性

航运业作为海洋经济的载体,对一个国家的政治、经济、军事等方面起着不可低估的作用。各海运国家均将航运业作为发展海洋经济的重要组成部分,从国家层面制定了一系列鼓励政策扶持航运业发展。随着航运业快速发展,作为基础建设的港航工程也得到重新布局与规划以适应新时代的需求,沿海沿江以此为契机,兴建港航工程。港航工程包括跨海(江)大桥、港口、码头、航道、枢纽等与航运业关系紧密的工程,其项目一般涉及面广、规模大、投资多、周期长、风险大,如发生事故,直接与间接损失将很大,并具有不可逆转性。因此,在对港航工程进行新建和改(扩)建时,进行船舶操纵模拟研究是十分必要的。近年来船舶操纵模拟器已被广泛应用于港航工程等安全评价研究中,为工程建设和船舶航行提供参考意见。

船舶操纵模拟试验研究是以仿真模拟技术为开发基础,借助于船舶操纵模拟器模拟使用指定类型的船舶,按照符合实际航行操纵惯例的方案,对港航工程进行计算机仿真模拟试验操作。通过船舶操纵模拟试验可以了解特定模拟环境条件下船舶的航行情况,掌握船舶航行及靠离泊作业的相关试验数据,通过统计、分析和研究这些数据,可以验证工程设计方案的合理性与可行性,可为相关管理部门提供决策依据和建设性意见,也可为操作者提供适应性培训,特别是对于某些特殊船型在新建港口水域,如 LNG(液化天然气)船舶和超大型油轮等,为引航员熟悉港口环境和积累相关的操作经验提供技术支持。

通过模拟试验,进行船舶在不同风、浪、流等各种工况环境下的模拟操纵,了解各种环境条件下船舶航行、进出港及靠离泊等的安全情况,制定科学管理规定和控制标准,并对驾引人员进行首航前的培训,对指导船舶安全作业具有重要意义。除应用于船舶工程外,操纵仿真在港口工程、港航企业生产组织与管理、海事预防与海事分析、航海人员培训等诸多方面有着广泛的应用,也是相关行业科学设计、科学决策、科学管理的基础。

1.3 本书的主要内容

本书从理论基础、技术要求和实践应用三个层次论述了船舶操纵模拟技术理论与工程应用情况,各章节的主要内容安排如下:

第 1 章为绪论,简要概述了船舶操纵模拟技术的理论基础和总体发展情况,结合操纵模拟技术的应用范围和需求,简要论述了开展船舶操纵模拟研究的意义和必要性。

第 2 章为船舶操纵模拟设备,介绍了船舶操纵模拟器概况及其分级,在此基础之上分别从硬件组成和软件组成两个方面介绍了船舶操纵模拟器的基本结构。除此之外,本章还论述了船舶操纵模拟器的发展历程和国内外发展概况,并结合行业需求和技术更新,总结了船舶操纵模拟器的发展趋势。

第 3 章为船舶操纵模拟关键技术,考虑到评价一个仿真系统主要通过系统功能的物理真实感、行为真实感、环境真实感三个指标来衡量。本章分别以这三个角度为切入点,进一步补充了多本船系统这一先进理念,分别论述了船舶操纵模拟关键技术。

第 4 章为船舶操纵模拟试验,主要论述了开展船舶操纵模拟试验的技术要求。基于船舶操纵模拟试验的应用范围和工程实践中的主要航行要素,提出了模拟试验的总体思路和技术要求,进而明确了试验工况设计原则、重点参数的确定方法等模拟试验工况设计的要点。结合实践经验总结出模拟试验组织与实施方法以及模拟试验研究报告编制要求。

第 5 章为工程应用实际案例,分别罗列了码头工程、桥区水域、船闸工程、航道工程、LNG 码头工程以及碰撞事故仿真模拟研究案例,直观展示了前述章节中所提到的理论和要求在具体工程实践中的应用情况,以及船舶操纵模拟技术在各类涉水工程能够提供的有力技术支持。

第2章　船舶操纵模拟设备

2.1　船舶操纵模拟器概况及分级

2.1.1　船舶操纵模拟器概况

船舶操纵模拟器是在仿真模拟技术发展的基础上研发的设备，能够模拟船舶在设定条件下航行、靠离泊，并对模拟结果进行分析，得出船舶的通航情况，为航行与港航工程安全提供参考。通过船舶操纵模拟器的通航模拟试验可以提高船舶的通航安全水平，预估航行风险，降低工程试验费用，减少不必要的经济损失，还可以优化航道工程设计，提高港口的综合竞争力。船舶操纵模拟器以方便、经济的方式受到青睐，并能承担工程论证、航行安全评估、操纵方案预演、海事分析等科研性模拟任务。

《海员培训、发证、值班标准国际公约》（简称 STCW 公约）对列入强制性培训的雷达/ARPA（自动雷达标绘）模拟、ECDIS（电子海图显示与信息系统）操作使用模拟给出了详尽指南，同时对包括航行与值班、船舶操作和操纵、货物装卸和积载、无线电通信、主机和辅机操作等非强制性模拟提出了建议性要求。

此外，根据不同的需要，与船舶关系密切的其他模拟器，例如 VTS（船舶识别系统）模拟器、海上搜救模拟器、拖船操纵模拟器、溢油污染防治模拟器等也将得到发展和应用。

2.1.2　模拟器的分级

挪威船级社（DET NORSKE VERITAS）将每一种模拟器按其性能分成四个等级，分别是：A 级（full mission，功能完备的）、B 级（multi task，多功能的）、C 级（limited task，有限功能的）、S 级（single task，单一功能的）。

以驾驶台操作模拟器为例：

A 级:功能完备的驾驶台操纵模拟器能完整地模拟船舶驾驶台操作环境,包括在受限水域进行高级操纵和引航训练。

B 级:多功能的驾驶台操纵模拟器能完整地模拟船舶驾驶台操作环境,但不要求能在受限水域进行高级操纵和引航训练。

C 级:有限功能的驾驶台操纵模拟器能完整地模拟船舶驾驶台操作环境(无视景,单凭仪器操纵),以便进行有限的航行和避碰操纵。

S 级:单一功能的驾驶台操纵模拟器能模拟特定的驾驶台操纵仪器的操作,或有限的航行操纵情景,但操作者并不真正置身在驾驶台环境之中(如桌面型模拟器模拟操作区域的俯视图)。

2.2　船舶操纵模拟器的基本结构

船舶操纵模拟器是典型的人在回路中的仿真,通过由教练员站、桌面系统、主本船、副本船等要素构成的系统,使用户对仿真系统显示的信息进行判断与决策,进而达到方案论证、人员培训、海事情况分析等应用目的。

该系统采用分布交互仿真的技术,通过网络把多个仿真子系统进行连接,系统中设有中央控制机,控制整个系统运行和交换子系统数据。仿真的子系统由教练员站和若干本船构成。本船中的不同微机承担着不同的功能。这种分布交互式的结构对于本船数量的配置很方便,同时该系统能否正常运行,网络的通信能力也是关键。

系统组成框图如图 2-1 所示,主本船的构成图如图 2-2 所示。副本船的构成图如图 2-3 所示。值得注意的是系统采用模块化结构,可根据用户的场地条件、功能需要以及经费情况,灵活配置。

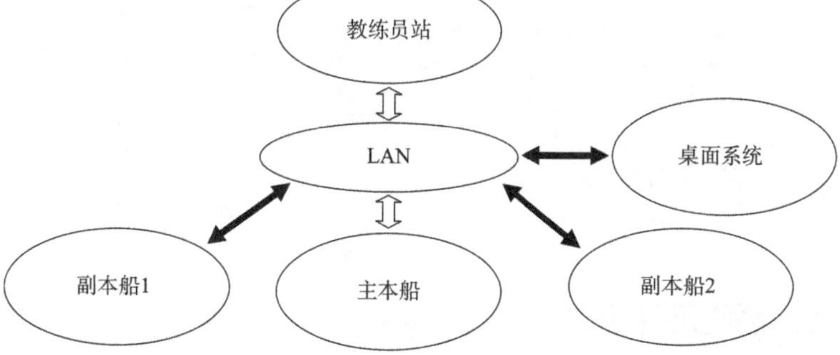

图 2-1　系统组成框图

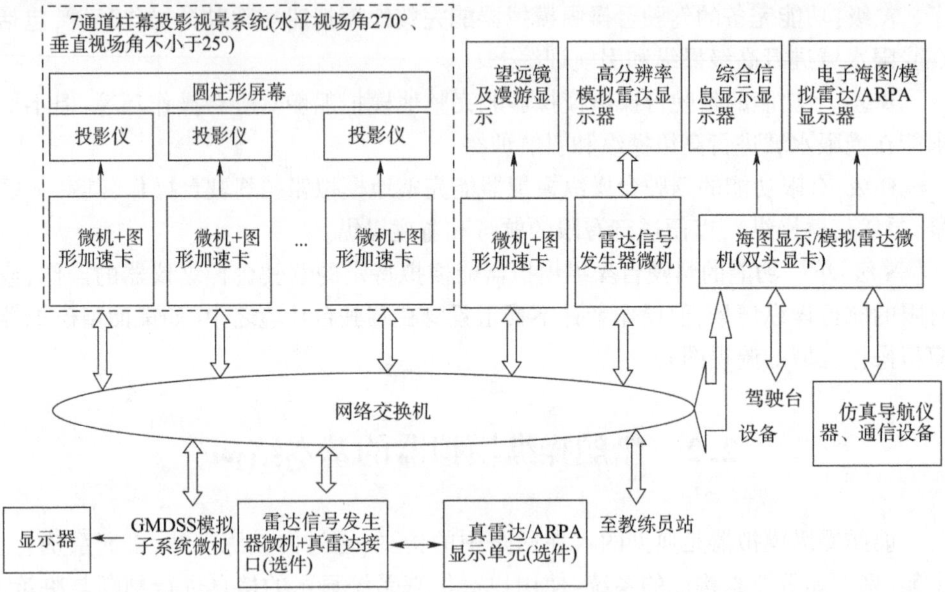

图 2-2　主本船构成图

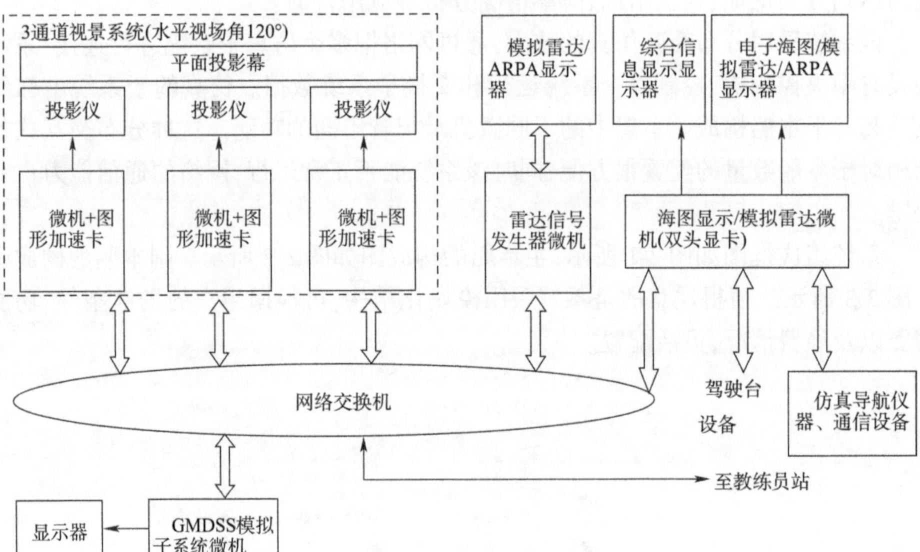

图 2-3　副本船构成图

2.2.1　系统硬件组成

船舶操纵模拟器仿真系统的硬件组成主要有仿真驾驶台、教练台台体、环形屏幕、投影仪、图形工作站、液晶显示器、电话交换机、模拟系统网络设备、VHF(甚高频)、船用通信设备、音响系统和监视系统等。

仿真驾驶台(图2-4)是船舶操纵模拟器中重要的部分,它是使用者第一直观看到的物理设备,它的真实程度对于使用者操船相当关键,直接关系到操船的实际触感和视觉感受,联合其他辅助设备完成模拟试验。仿真驾驶台的一些物理特征、形态和布局仿照实际船舶,例如各种仪表面板的组合。通过仿真驾驶台可以模拟完成:机驾合一控制;采集车钟控制信号;操舵方式选择、舵角显示、电/磁罗经角度显示功能;主机转速、水深、船速、航行距离显示;锚作业控制;望远镜功能;监视本船功能;声音信号功能等。

环形屏幕与投影仪主要将仿真系统处理后的影像呈现给使用者,使其对船舶动态和海浪环境有一个视觉感官的认识。此视景系统采用柱面大屏幕多通道宽视场角无缝拼接投影,其余部分采用单独通道漫游显示,可提供较好的视觉体验,使用户能更好地融入其中,有沉浸感。视景物理设备在一定程度上也决定了海洋三维视景的真实度。环形屏幕与投影仪布置图如图2-5所示。

图2-4 仿真驾驶台

图2-5 环型屏幕与投影仪布置图

2.2.2 系统软件组成

船舶操纵模拟器仿真系统的软件组成主要包括视景仿真系统、船舶运动数学模型、教练台人机界面系统、电子海图ECDIS显示系统、雷达/ARPA图像生成系统、网络通信软件、电子海图及船舶动态显示软件、港口视景数据库、综合数据显示系统等。

视景仿真系统是采用CGI(Computer Generated Image)计算机成像技术,基于已经构建好的仿真船舶模型和场景模型,通过视景软件处理产生船舶运动和周围环境相融的动态视觉效果数据,再经投影仪将处理的图像投射到环形投影幕上,使用户获得更加真实的视觉体验。视景仿真系统主要将船舶、地形、码头建筑、航标等与航行环境有关的三维模型进行处理,经投影仪显示;实现多通道显示,协调解决多通道图形间的图像信息拼接显示,实时同步;模拟常见天气状况,以及能见度、白天黑夜的变

图 2-6　三维视景效果图

化;配合模拟器的操纵,实现对应声音效果等。三维视景效果图如图 2-6 所示。

船舶运动数学模型是船舶操纵模拟器的重要部分,决定着船舶的运动参数和位置变化。船舶运动数学模型的准确性直接关系到操船感觉的真实度,同时决定着协调风浪流的影响和操作者所做出的操作指令效果,通过解算进行视景显示,反映本船运动变化特征、变化规律以及本船与其他实体的相互关系。船舶运动数学模型建模与校验软件如图 2-7 所示。

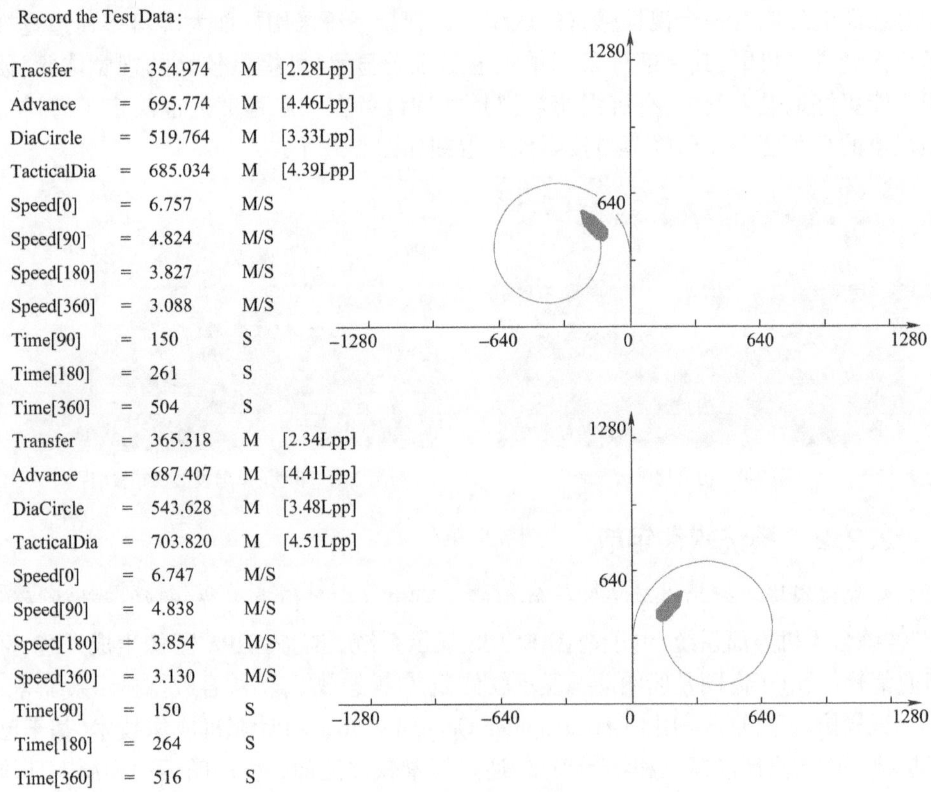

图 2-7　船舶运动数学模型建模与校验软件

教练台人机界面系统是组织培训和教学的工具,是船舶模拟器软件系统各种信息的交互中心,可以编制任务、设置环境参数、进行动态监控、对试验进行记录,后期还可以回放、输出等。

电子海图 ECDIS 显示系统把海图信息、船位信息、船舶动态参数,以图文和声响的形式综合表现出来(图 2-8)。ECDIS 显示系统在船舶操纵模拟器中主要是把本船与其他船、岸壁、航道等的地理环境相对关系及本船的实际运动状态实时、直观地显示出来。

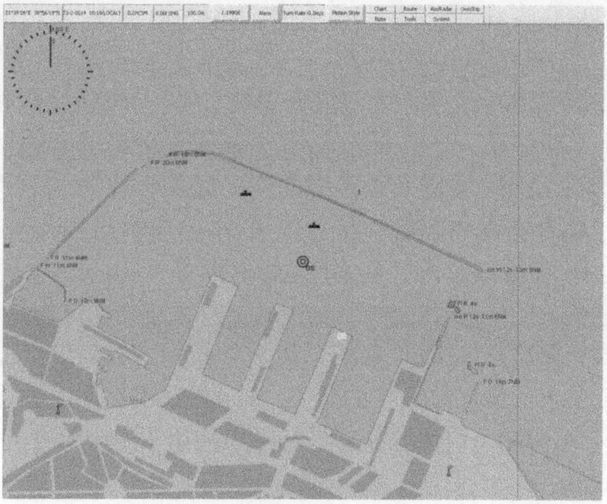

图 2-8 ECDIS 界面

在船舶操纵模拟器驾驶台的显示界面中,雷达/ARPA 图像生成系统用来模拟实现船舶的定位功能,可以看到周围的船舶和地形显示,为船舶海上安全航行提供重要信息。

2.3 船舶操纵模拟器发展历程与现状

2.3.1 船舶操纵模拟器的发展历程

随着计算机仿真技术的发展,船舶操纵模拟器的研发呈现一个崭新的局面,通过借鉴国防领域的仿真技术 DIS(Distributed Interactive imulation),其在种类、功能、技术性能等方面都得到进一步的完善和加强。此外国际海事组织颁布的《海员培训、发证、值班标准国际公约》(The International Convention on Standards of Training, Certification and Watchkeeping for Seafarers, STCW, 以下简称 STCW 公约)对全球航海教育提出了要求,我国也对船舶操纵模拟器训练提出了具体要求。总体来说,船舶操纵模拟器的研发和应用过程更加规范化、系统化。

船舶操纵模拟器是仿真系统的一个分支，具有仿真系统的特点。船舶操纵模拟器是一种典型的人在回路中的仿真，人作为其中一个环节参与到仿真系统中，通过仿真系统提供的各种信息，经过判断和决策进行操纵和控制，进而达到人员训练、方案论证、海事案例分析等目的。船舶操纵模拟器是一种分布交互仿真系统，该仿真系统采用相互联系一致的标准、结构、协议与数据库，通过网络实现连接分布的模拟器，使人能够参与其中进行交互，其显著的特点在于“分布”和“交互”。“分布”体现在仿真系统中的计算能力是分布的，单元与单元之间在空间布局上也是分散的。一个本船就是一个模拟器，放置在单独的位置，本船之间通过局域网络实现互联，每个本船的不同作业均由不同的微机负责承担，微机之间通过局域网进行互联。“交互”体现在人在本船中参与作用，本船与本船相互作用之中，各个本船可以通过雷达图像和三维视景观察到，仿真图像要求本船位置处于能见距离以内。

船舶操纵模拟器在系统构成、船舶操纵数学模型、网络技术、图形技术等方面都有相关的规范要求。经过几十年的研究，我国相关模拟器的整体水平已和国际先进水平基本同步，归结来讲我国模拟器的发展经历了 3 个阶段。

(1)起步阶段

从 20 世纪 70 年代开始，我国航海类院校开始引进配置一些小型船舶操纵模拟器，例如 VHF(甚高频)模拟器、雷达/ARPA 模拟器等，用于航海类学员的基本培训，同时也开始自主研发相关产品。

(2)发展阶段

在计算机技术繁荣发展的基础上，国外研制开发了大型船舶操纵模拟器，国内在引进的同时也自主研发，基于十来年应用研发小型模拟器的经验，在 20 世纪 90 年代末成功研发出第一套大型船舶操纵模拟器，各所、航海类院校对于相关模拟器的研发也是一片欣欣向荣的景象。

(3)腾飞阶段

随着仿真技术的发展，国内外各种模拟器都得以研发出来，同时投入到培训教育和科研，并发挥着重要的作用。模拟器的应用愈加广泛和重要，针对它的研究也愈加深入，得到相关机构单位的认可和重视。国内的研究机构集中于大型船舶操纵模拟器的开发。

2.3.2 国内外发展概况

(1)国外应用发展概况

20 世纪 70 年代初，美国航运管理局建立计算机辅助操作中心，研发出第一台应用图像处理技术的大型全功能视景船舶操纵模拟器。随后，该机构将模拟器应用于通航安全的论证，同时，德国、韩国等国家的航海类院校和科研机构也相继将船舶操纵模拟器投入到港口规划、航道设计等的论证。

目前，挪威、英国等国家在船舶操纵模拟器研发领域处于国际领先地位，提出了相应模拟器的设计标准。经过了十几年的发展和应用，船舶操纵模拟器训练已经在各航海类院校得到普及，为受训人员提供了良好的训练环境，并为港航工程安全论证提供了一个良好的模拟试验平台。

(2)国内应用发展概况

我国在船舶操纵模拟器的研发和应用方面起步稍晚，前期主要是在引进的同时进行自主研发。20 世纪 70 年代以来，国内几所航海院校先后从挪威、英国和日本等国家引进了雷达、船舶操纵等模拟器进行相关教学培训工作。同时经过国内航海类院校和航海科研单位的科研工作者的努力，研发出船舶操纵模拟器进行普及，按照《STCW 公约》和国家海事局的相关要求进行模拟器的培训和适任评估。大连海事大学在将船舶操纵模拟器应用于港口规划、航道设计等方面的论证起步较早，曾先后完成了上海港和青岛港等船舶操纵模拟验证项目。上海海事大学现也已开发出环形柱幕立体视景系统的船舶操纵模拟器，在洋山港和舟山册子岛等船舶靠离泊模拟试验中加以应用，取得了一定安全效益和社会效益。现在国内其他航海院校和机构也已经开始应用船舶操纵模拟器进行港口、航道规划设计的论证。

2.4 船舶操纵模拟器的发展趋势

由近些年船舶模拟器在各行业应用情况分析可知，未来船舶操纵模拟器的发展将更多地关注技术创新和知识综合。尽可能地将各种最新技术应用在模拟器中，最大程度地满足不同种类航海模拟的需求，将是船舶操纵模拟器发展的总趋势。

船舶操纵模拟器的优劣主要体现在模拟用途(simulation objects)、物理真实感(physical realism)、行为真实感(behavioral realism)和操作环境真实感(operating environmental realism)等方面。随着相关科学技术的发展，上述几个方面将会越来越完善、完备。

功能完备的模拟器(full mission simulator)是按字面直译为全功能模拟器，是最高等级的模拟器。以功能完备的驾驶台操作模拟器为例，除了应能胜任《STCW 公约》第 0.1.3 节中列出的 23 项与培训、适任评估有关的任务以外，还应能承担工程论证、航行安全评估、操纵方案预演、海事分析等科研性模拟任务。例如在驾驶台模拟器的基础上研发动态定位模拟器(dynamic positioning simulator)、安全与保安模拟器(safeguard security simulator)、VTS 操作模拟器(VTS operation simulator)等。在驾驶台模拟器的基础上增加部分软硬件设备,还可以满足从事冰区航行培训、组合驾驶台系统(integrated bridge system)培训、锚操纵作业培训(anchor handling operation)等的特殊要求。认真地分析上述功能可以发现,至今为止,模拟器的应用领域还局限在安全航行的范畴内。对于超出安全范畴的模拟,如灾害气候下船舶倾覆、船舶发生碰撞等方面的研究也是十分有意义的。总而言之,可将研究重点放在功能完备的模拟器上,使其功能越来越完备,同时考虑用户的经济承受能力、场地以及需求,开发 B 级、C 级模拟器。将适当数量的 A 级、B 级、C 级模拟器以"本船"为单元组合在一个系统中,构成一个综合多本船系统将是大势所趋。需要指出的是,系统应采用模块式设计,可以方便地构成不同等级、不同规模、不同综合用途的模拟器。

第3章 船舶操纵模拟关键技术

3.1 物理真实感

3.1.1 构建物理真实感的主要手段

航海仿真是一种典型的人在回路中的仿真(man-in-thee-loop-simulation),人作为一个环节参与到仿真系统中,接收仿真系统提供的各种感官信息,经过判断和决策对系统进行操纵和控制。《STCW 公约》关于船舶模拟器的一般性能标准中也规定"能模拟船上有关设备的操纵性能,达到合乎培训目标的物理真实水平,并包括这种设备的性能、局限性和可能产生的误差"。由于近年来虚拟现实(virtual reality,VR)技术的飞速发展,"模拟船上有关设备"可以通过两种途经来实现,一种是操纵车钟、舵轮、控制面板等实物,另一种是采用 VR 技术中的头盔、人体跟踪系统、数据手套方式生成、操纵虚拟设备来实现。作者认为,鉴于目前船舶驾驶还是基于团队工作(bridge team work)方式,驾驶台上往往有几个人协同工作,而 VR 技术所能达到的水平还不足以将与本人协同工作的同伴图像实时融合到视觉系统(虚拟环境)中,所以在相当长的时间内,船舶操纵模拟器还会沿用与实船相似的驾驶台真实的驾驶台设备、光学大屏幕投影视景、音响系统,但是 VR 的一些相关技术将会应用其中。

就物理真实感而言,驾驶台操作模拟器应位于与实船相似的驾驶台上,驾驶台至少应配备下列与实船相似的设备或能进行相同的操作:

(1)推进器遥控操作设备,包括车钟、可变螺距控制及侧推器。

(2)辅机遥控,包括供电控制。

(3)操舵控制台,包括手动操舵和自动舵。

(4)操舵罗经和方位罗经(罗经复示仪)。

(5)雷达/ARPA。

(6)ECDIS。

(7)主要的航海仪器,包括 GPS(全球定位系统)、测深仪、计程仪和自动识别系统(AIS)。

(8)GMDSS(无线电通信设备)。

(9)船内通信设备。

(10)拖轮操作。

(11)锚操作。

(12)缆操作。

(13)航行灯控制。

(14)甲板灯控制。

(15)符合避碰规则的声号控制。

(16)顶部显示仪表:风向、风力、舵角、转向速率、水深、航速和主机转速。

驾驶台仪器和设备的状态如果是与位置有关的,如定位仪器、通信设备,则应提供相应的响应。

3.1.2 模拟驾驶舱与驾驶台的具体布置形式

目前市面上投入使用的船舶操纵模拟器品牌型号众多,模拟驾驶舱与驾驶台的具体布置形式也根据使用方的功能需求、成本控制等因素而形式各异。此处对大连海事大学开发的系列化的船舶操纵模拟器作简要介绍。

1)船舶操纵模拟器的典型配置

船舶操纵模拟器典型的配置可以是:

(1)功能完备的船舶操纵模拟器(主本船)+数台副本船

①实船模拟驾驶台。

②综合船桥及设备。

③大屏幕投影宽视场角视景。

④教练员站。

(2)经济型多本船船舶操纵模拟器

①简易驾驶台。

②综合船桥及设备。

③多通道大视场角视景,投影仪背投或 VT。

④教练员站。

⑤多本船系统(本船数量不限),本船与本船通过视景和雷达图像“互见”。

⑥既可作船舶操纵模拟器使用,也可作雷达/AR 以模拟器使用。

(3)小型船舶操纵模拟器

①带电子海图显示的车、舵操纵台。

②1～3通道视景,视景显示可选大屏幕显示器或电视。

③不单独设教练员站,但提供教练员站的功能。

(4)便携式船舶操纵模拟器

①选用笔记本电脑。

②以电子海图为背景的船舶动态显示。

③不设操纵设备,由软操作面板实现车、舵、锚、缆及拖轮操作。

2)大型船舶操纵模拟器的基本结构

该系统由教练员站、主本船及若干个副本船构成,主本船与副本船之间通过三维视景和雷达图像互见。教练员站与各本船中的计算机均采用高性能微机,微机间采用网络连接。

(1)教练员站

教练员站通过交互图形接口和窗口技术,为教练员提供友好的界面,通过这种界面,教练员站可以方便地用来:

①制作编辑各种练习。

②选择练习类型、练习科目、海区以及海图号等。

③设置本船的类型、名称和装载状态。

④设置目标船,包括选择目标船类型、名称,设置目标船速度、转向点以及转向点的添加、删除和修改。

⑤设置航行环境,如风、流、潮汐、时间以及能见度等。

⑥控制系统的运行,对各本船进行监视,其中包括暂停和恢复,以便由教练员根据需要进行讲解。

⑦设置本船故障,以便进行故障时的应急操作训练,例如主机故障、操舵系统故障等。

⑧记录和打印模拟结果。

(2)主本船

主本船就是传统意义上的船舶操纵模拟器,具有一个与实船相似的驾驶台以及大屏幕投影宽视场角视景系统。

(3)数个副本船

从经济的角度出发,副本船视景显示3通道120°水平视场角视景,视景显示采用3台投影仪背投,将其设计成驾驶台前窗布局,其他主要技术指标与主本船完全相同。

通常为了更好地开展模拟试验,一套多本船、功能完整的模拟器是必需的,同时为了更好地开展交互式试验(特别是 LNG 码头试验),至少还需要数台全回转拖轮模拟器。

3.2 行为真实感

3.2.1 实现行为真实感的主要手段

模拟器的行为真实感主要取决于船舶在水面运动的水动力学模型、人参与的操纵和控制装置(主要有车、舵、锚、缆、拖轮等)的响应。

与其他几方面相比,船舶操纵数学模型的进展相对较为缓慢,但在下述几个方面仍有很多潜在的课题和需求。

(1)本船运动的六自由度数学模型,六自由度的运动可以通过六自由度运动平台或视景系统来体现。

(2)本船在开阔水域的水动力学模型,包括风流、潮汐等航行环境的影响和本船载态的影响。

(3)本船在受限水域的水动力学模型,包括风流、潮汐、浅水、岸壁、冰层、浮冰和船间效应等航行环境的影响以及本船载态的影响。

(4)建立具有足够数量、种类和吨位的船舶运动数学模型库。

(5)研究具有特殊操纵特性的船舶,如高速船、半潜船和超大型船舶的数学模型。

(6)研究具有不同操纵装置的船舶水动力数学模型,如变距桨、平推桨、喷水推进器等。

(7)研究具有足够精度的开放型船舶运动数学模型,使用者可以方便地修改船舶尺度、吃水等。

3.2.2 风流作用下船舶运动数学模型

1)基本假定

为了方便、实用地仿真计算船舶在各种综合作用下的操纵运动,引入如下的假定。

(1)船舶航行在无限宽广水域。

(2)自由液面是静水面,船体认为是刚体。

(3)忽略船舶横摇、纵摇及升沉对操纵运动的影响。

(4)船、桨、舵作用力与风、浪、流干扰作用力可以线性叠加,不考虑其非线性耦合作用。

在上述基本假定的基础上，建立船舶在风、浪、流作用下的船舶操纵运动数学模型。

2)运动方程

在静水中的操纵运动数学模型基础上，在方程右端加入风浪流的干扰作用力，建立船舶运动方程：

$$\left.\begin{aligned}(m+m_x)(\dot{u}-vr)&=X_H+X_P+X_R+X_{WD}+X_{WV}+X_C\\(m+m_y)(\dot{v}+ur)&=Y_H+Y_P+Y_R+Y_{WD}+Y_{WV}+Y_C\\(I_z+J_z)\dot{r}&=N_H+N_P+N_R-Y_Hx_C+N_{WD}+N_{WV}+N_C\end{aligned}\right\}\tag{3-1}$$

式中：m_x、m_y、J_z——船体的附连质量和惯性矩；

WD、WV、C——风、波浪和水流的作用力和力矩；

P、R——螺旋桨和舵产生的力和力矩；

X_H、Y_H、N_H——不包括惯性力在内的船体水动力。

3.2.3 水流作用力的模拟

实际水流是一种非恒定不均匀流，本着从易到难的思路，先考虑均匀流对船舶的作用，然后考虑不均匀流对船舶的作用，最后考虑实际水流对船舶的作用。

(1)均匀流作用下水流力的处理

将均匀流对船体的作用力用相对速度方法归入船体、桨、舵的水动力计算中。设水流流速为 U_c，流向为 θ_c，船舶首向角为 ψ，则船舶相对于水体的速度为：

$$\left.\begin{aligned}\tilde{u}&=u-U_c\cos(\theta_c-\psi)\\\tilde{v}&=v-U_c\sin(\theta_c-\psi)\end{aligned}\right\}\tag{3-2}$$

因此，均匀流存在时船舶操纵运动的方程变为：

$$\left.\begin{aligned}(m+m_x)\dot{u}&=(m+m_y)vr+(m_x-m_y)U_cr\sin(\theta_c-\psi)+\tilde{X}_H+\tilde{X}_P+\tilde{X}_R+X_{WD}+X_{WV}\\(m+m_y)\dot{v}&=-(m+m_x)ur+(m_x-m_y)U_cr\cos(\theta_c-\psi)+\tilde{Y}_H+\tilde{Y}_R+Y_{WD}+Y_{WV}\\(I_z+J_z)\dot{r}&=-x_c\tilde{Y}_H+\tilde{N}_H+\tilde{N}_R+N_{WD}+N_{WV}\end{aligned}\right\}\tag{3-3}$$

式中：~——计算时取船舶相对于水体的速度。

(2)不均匀流作用下水流力的处理

船舶在不均匀流中运动时，水流速度 U_c 和流向 θ_c 沿船舶纵中剖面各点处是变化的，也即 U_c 与 θ_c 均为 x 的函数：$U_c=U_c(x)$，$\theta_c=\theta_c(x)$。根据杨盐生和方祥麟非均匀流中的船舶流体动力模型一般有三种处理方法：一是沿船长平均流速、流向模型，二是横流模型，三是机翼理论模型。本研究的模型选用了受力计算比较反映物理本质的机翼理论模型。在计算螺旋桨、舵的作用以及船舶纵向水动力和水流附加力时，将不均匀流转化为等价均匀流：

$$
\left.\begin{aligned}
u_{\mathrm{Ce}} &= \frac{1}{L}\int_{-L/2}^{L/2} U_{\mathrm{c}}(x)\cos\theta_{\mathrm{c}}\mathrm{d}x \\
v_{\mathrm{Ce}} &= \frac{1}{L}\int_{-L/2}^{L/2} U_{\mathrm{c}}(x)\sin\theta_{\mathrm{c}}\mathrm{d}x
\end{aligned}\right\} \tag{3-4}
$$

把上述水流速度叠加到船舶运动速度 u、v、r 上，然后就可按均匀流的方法求解问题。

在计算横向水动力和动力距时，有以下表达式：

$$
\left.\begin{aligned}
Y_{\mathrm{H}} &= \frac{1}{2}\rho L d V_{\mathrm{r}}^{2}\int_{-\frac{1}{2}}^{\frac{1}{2}} y(x)\mathrm{d}x \\
N_{\mathrm{H}} &= \frac{1}{2}\rho L^{2} d V_{\mathrm{r}}^{2}\int_{-\frac{1}{2}}^{\frac{1}{2}} y(x)x\mathrm{d}x
\end{aligned}\right\} \tag{3-5}
$$

其中

$$
y(x) = \frac{8}{\pi}\left\{\left[\sqrt{\frac{1/2+x}{1/2-x}} - 4\sqrt{\left(\frac{1}{2}\right)^{2}-x^{2}}\right]N'_{\mathrm{H}}(x) + Y'_{\mathrm{H}}(x)\sqrt{\left(\frac{1}{2}\right)^{2}-x^{2}}\right\}
$$

式中：$N'_{\mathrm{H}}(x)$、$Y'_{\mathrm{H}}(x)$——把船体与不均匀流的相对速度代入以上模型后计算得到的结果。

在求取船上坐标点的流速流向时，采用线性插值的方法对船上坐标点流速流向进行求取。

(3)非恒定流作用下水流力的处理

假定船舶的运动对水流没有影响，可以通过流场数学模型将不同时刻流场计算出来，然后每一时刻不均匀流场均采用上面的方法考虑水流对船舶的作用力，进而解决船舶在非恒定流下的操纵运动。

3.2.4 风作用力的模拟

风对船舶操纵性的影响是很重要的。设定常风作用时的风速为 U_{w}，风向为 φ_{w}，则船舶与风的相对速度分量为：

$$
\left.\begin{aligned}
u_{\mathrm{a}} &= u + U_{\mathrm{w}}\cos(\varphi_{\mathrm{w}} - \psi) \\
v_{\mathrm{a}} &= v + U_{\mathrm{w}}\sin(\varphi_{\mathrm{w}} - \psi)
\end{aligned}\right\} \tag{3-6}
$$

相对速度大小和方向为：

$$
\left.\begin{aligned}
U_{\mathrm{a}} &= \sqrt{u_{\mathrm{a}}^{2} + v_{\mathrm{a}}^{2}} \\
\varphi_{\mathrm{a}} &= a\tan^{-1}(v_{\mathrm{a}}/u_{\mathrm{a}})
\end{aligned}\right\} \tag{3-7}
$$

风对船舶产生的力和力矩一般写作以下形式：

$$
\left.\begin{aligned}
X_{\mathrm{WD}} &= C_x \frac{1}{2}\rho_{\mathrm{a}} U_{\mathrm{a}}^2 A_{\mathrm{T}} \\
Y_{\mathrm{WD}} &= C_y \frac{1}{2}\rho_{\mathrm{a}} U_{\mathrm{a}}^2 A_{\mathrm{L}} \\
N_{\mathrm{WD}} &= C_N \frac{1}{2}\rho_{\mathrm{a}} U_{\mathrm{a}}^2 A_{\mathrm{L}} L_{\mathrm{OA}}
\end{aligned}\right\} \tag{3-8}
$$

式中：ρ_{a}——空气密度，取 1.025kg/m³；

A_{T}、A_{L}——水面以上船舶的正投影与侧投影面积；

L_{OA}——船舶全长。

计算风作用力和力矩的关键在于合理确定风压系数 C_{X}、C_{Y}、C_{N}，目前确定风压系数的方法有很多种，洪碧光在总结大量试验数据基础上回归出的公式具有较高的精度，可以连续计算各种情况下的风力，这里我们采用这种方法。风压系数可表示为 Fourier 级数的形式。

$$
\left.\begin{aligned}
C_X &= a_0 + \sum_{i=1}^{n} a_i \cos(i\theta) \\
C_Y &= \sum_{i=1}^{n} b_i \cos(i\theta) \\
C_N &= \sum_{i=1}^{n} c_i \cos(i\theta)
\end{aligned}\right\} \tag{3-9}
$$

式中：a_i、b_i、c_i——C_X、C_Y、C_N 的富氏系数。

洪碧光根据试验资料给出了谐波次数 n 取 5 时的所有系数值。

3.2.5 船舶操纵数学模型的验证

1）船舶操纵特性要求

船舶操纵特性主要包括初始回转性、旋回性、保向性和变速运动性。国际海事组织（IMO）为了改善船舶操纵性能、避免建造不合标准的船舶，制定了“船舶操纵性标准”，适用于 1994 年 7 月 1 日或之后建造的、舵桨推进的任何长度的化学品船或液化气船以及长度大于等于 100m 的其他船舶，但不适用于有关规则中定义的高速快艇。

（1）船舶旋回性能

旋回性能是衡量船舶机动回转性的指标，通过“旋回试验”测得进距、旋回初径、旋回直径等数据，船舶的旋回性越好，其“旋回试验”数据越小。“船舶操纵性标准”规定：旋回圈的进距应不超过 4.5 倍船长，相应的旋回初径应不超过 5.0 倍船长。通常情况下,比较相同吨位、相同装载状态下超大型船舶的回旋性能,油船的船型肥胖、方形系数最大、长宽比较小,旋回性最好,散货船、LNG 船次之,集装箱船最差。

(2)船舶初始回转性能

初始回转性能是指船舶对操舵改变航向的快速响应性能,由操舵后船舶航行一定距离后船首转过角度的大小来衡量,可通过 Z 形试验获得。船舶必须具有一定的“初始回转性或改向性”,并且“船舶操纵性标准”规定:直航船舶操左 10°舵角(或右 10°舵角)后,船首向从原航向改变 10°后,船舶在原航向上的进距应不超过 2.5 倍船长。船舶前进的距离越小,初始回转性越好。可见,初始回转性能表明的是直航船舶的转向能力,就是一个舵效的概念。操船实践表明,随着船舶的吨位不断增加,舵面积比减小,舵效是递减的。

(3)船舶的变速运动性能

船舶的变速性能包括船舶的启动、加速性能,减速性能和停车性能。

①启动、加速性能。

船舶的启动、加速性能是指船舶从静止或某一速度增加到更高速度的性能。船速达到定常速度所需的时间(距离)与该船的定常速度(定常速度的平方)、排水量成正比,与船速为定常速度时的船舶阻力成反比。通常情况下,对于相同吨位的不同船型的船舶而言,由于集装箱船单位排水量所分配的主机功率是散货船的 4 倍多(约为油船单位排水量所分配主机功率的 4 倍),且集装箱船在定常速度时的船舶阻力最小,所以集装箱船的启动、加速性能最好,而油船、LNG 船与散货船的启动、加速性能比较接近。

②减速性能。

“停车冲程”和“停车冲时”是指船舶停车后船速降至能维持舵效的船速(一般万吨轮为 2 节左右,超大型船舶为 3 节左右)时所航行的距离和时间,用以表达船舶的减速性能。由于主机停车后,螺旋桨的推力消失,但由于船舶阻力较大,所以速度下降很快,随着船速降低,船舶阻力下降,船速下降逐渐缓慢,当速度降至维持舵效的速度时,航行阻力很小,船速下降极为缓慢。

③停车性能。

停车性能是衡量船舶直线运动惯性的指标,通过“倒车停船试验”测得“最短停船距离”。“船舶操纵性标准”规定:船舶全速倒车停船试验中,航迹进距不超过 15 倍船长。该距离越小,船舶的停船性能越好。同种类型的船舶,随着吨位增加而停船性能变差,不同类型的船舶比较,集装箱船舶的停船性能最好,油船的停船性能比散货船略差。

(4)船舶的保向性能

保向性能是指船舶操舵保持船舶直线运动的性能指标,通过Z形试验结果中的超越角进行判断。船舶的保向性与船舶的船型、装载状态、舵角、船速、水深、风流等因素有关。

①在10°/10°Z形试验中第一超越角的值不应超过:

a. 10°,如果$L/V<10$s。

b. 20°,如果$L/V\geqslant 30$s。

c. $[5+0.5(L/V)]$°,如果$30>L/V\geqslant 10$s。

②在20°/20°Z形试验中第二超越角的值不应超过:

a. 25°,如果$L/V<10$s。

b. 40°,如果$L/V\geqslant 30$s。

c. $[17.5+0.75(L/V)]$°,如果$30>L/V\geqslant 10$s。

③在20°/20°Z形操纵试验测得的第一超越角不应超过25°。该超越角越小,船舶航向控制能力越好。

2)模拟船型的率定

模拟船型率定的目的是验证模拟环境与实际环境是否具有相似性,模拟船与实际船是否具有相似性,模拟方案与实际方案是否具有相似性。如果是则模拟结果正确,对实际船舶航行具有参考意义。

IMO在2002年12月4日通过了"船舶操纵性标准"(standards for ship maneuverability)。该标准适用于2004年1月1日或之后建造的舵桨推进方式、长度≥100m的船舶,化学品油轮及液化气船不限长度。试验条件要求:平静深水中,满载平吃水,以试验速度(不小于85%主机最大输出功率时船速的90%速度)稳定直航。该标准规定的几种操纵性指标及容许界限值如表3-1所示。

操纵性指标及容许界限值(L为船长,V为船速)　　表3-1

评价指标	容许界限范围	
旋回性能	进距≤$4.5L$,旋回直径≤$5L$	
初始回转性能	操左(右)舵10°时,当船首向改变10°时,船舶前进距离≤$2.5L$	
偏转抑制性 保向性能	10°/10°Z形试验	
	第一惯性超越角≤10°	$L/V<10$s
	≤20°	$L/V\geqslant 30$s
	≤$5+0.5L/V$	$10\text{s}\leqslant L/V<30$s
	第二惯性超越角≤25°	$L/V<10$s

续上表

评价指标	容许界限范围
偏转抑制性 保向性能	≤20°　　　　L/V≥30s ≤17.5 + 0.75L/V　　　　10s≤L/V < 30s 20°/20°Z 形试验 第一惯性超越角≤25°
停船性能	倒车冲程≤15L(然而,如因船舶排水量大而使该衡准值不切实际时,主管机关可修改该值,但不得超过 20 倍船长)

通过建立的模拟船舶模型,对车舵的响应、船舶惯性和回旋性等方面对比模拟船型原型船舶的相关性能。为实现良好的行为真实感,在此项指标中要求所建船舶模型的有关性能参数符合 IMO 船舶操纵性标准。船舶模型试验数据如图 3-1 ~ 图 3-8 所示。

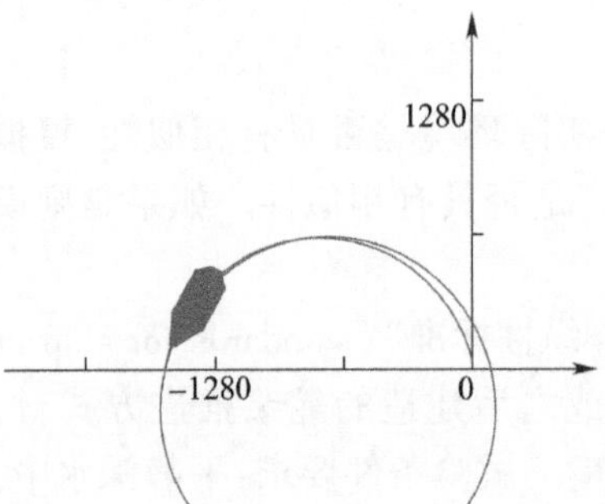

图 3-1　20 万吨级集装箱船左旋回圈

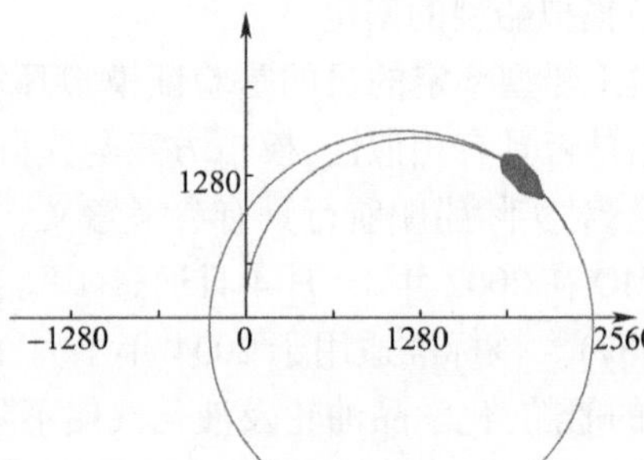

图 3-2　20 万吨级集装箱船右旋回圈

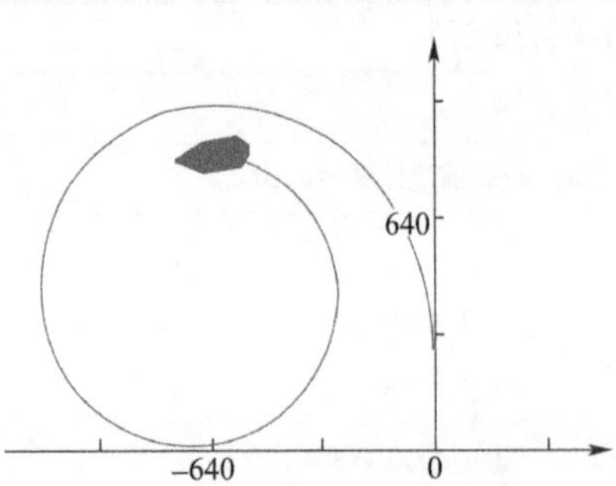

图 3-3　30 万吨级散货船左旋回圈

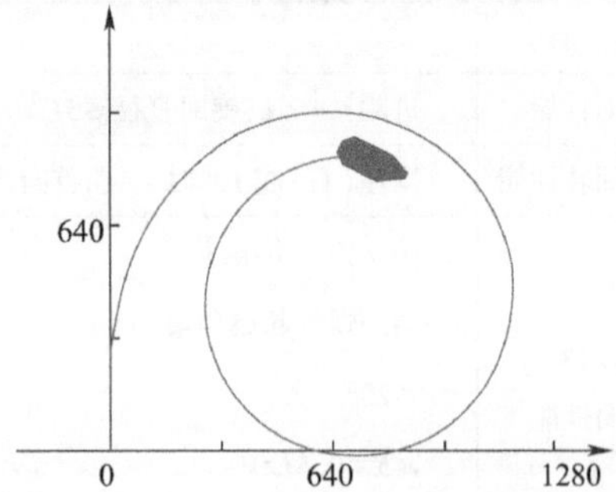

图 3-4　30 万吨级散货船右旋回圈

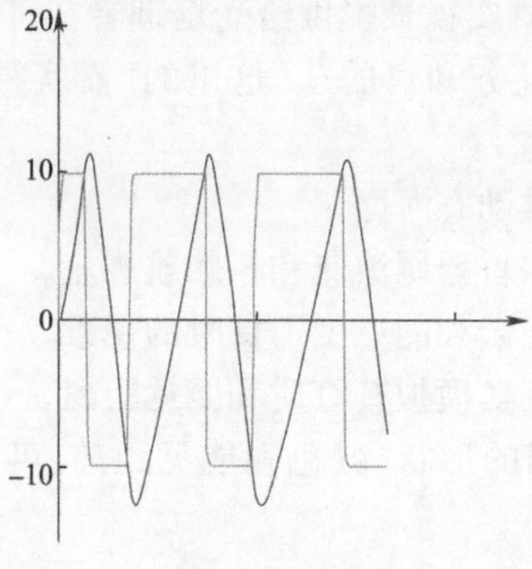

图 3-5　20 万吨级集装箱船 10°Z 形试验

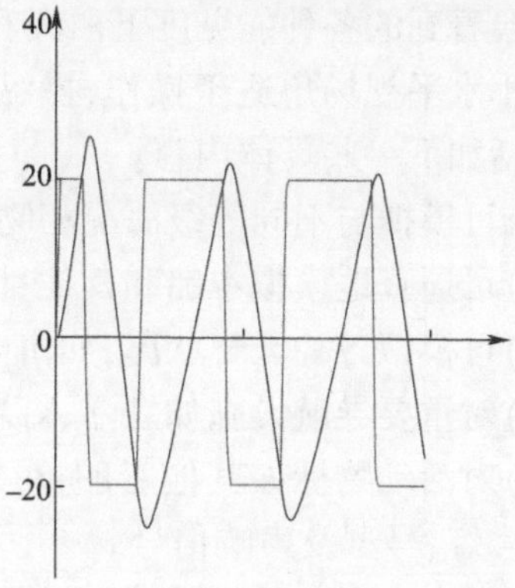

图 3-6　20 万吨级集装箱船 20°Z 形试验

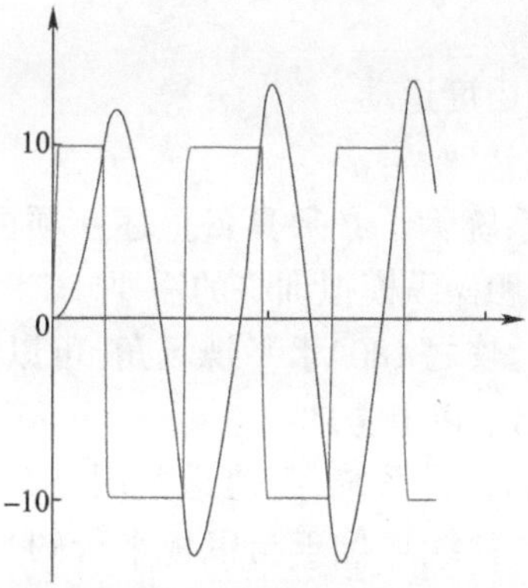

图 3-7　30 万吨级散货船 10°Z 形试验

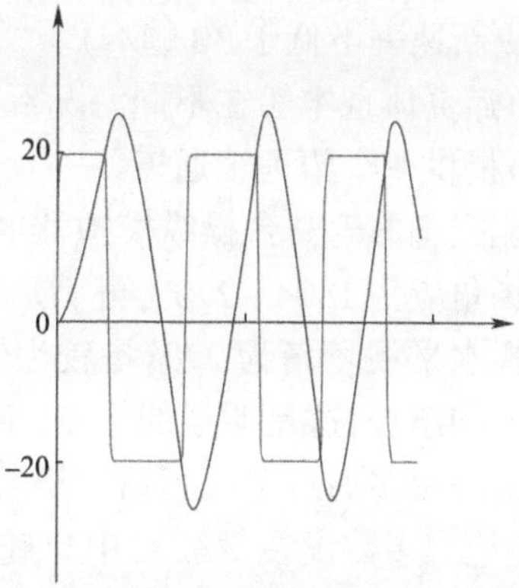

图3-8　30 万吨级散货船 20°Z 形试验

3.3　环境真实感

3.3.1　环境真实感的主要内容

模拟器中的操纵环境是指能给人以感觉的虚拟环境,主要包括视景声响和动感。虚拟环境是近年来船舶操纵模拟器中发展最快的部分,也是船舶操纵模拟器研制成功与否的关键技术之一,其中尤其重要的是视景。对用于航行和值班的模拟设备,《STCW 公约》建议其需"提供一个真实的白天或夜间的视景,包括各种能见度,或仅在夜间从驾驶台观察,提供给受培训者在可视范围内的最小水平视场角适于航行和值班任务和目的"。而对可用于船舶操作和操纵的模拟设备,需"提供从驾驶台看到的各种能见度下白天和夜间的真实视景提供给受培训者在可视范围内的最小水平视场角适于操作、操纵的培训任务和目的”。这里的“真实视景”应至少包括如下一些具体内容：

(1)可模拟与不同等级海况相吻合的三维动态海面。

(2)可逼真地模拟本船和其他目标船的船首船尾浪花和船舶航迹流。

(3)可模拟各种天气状况,如雷电、雨、雪、云和能见度不良时的视景。

(4)对重要导航设施如灯浮、灯塔等,可真实模拟其灯质和能见距离。

(5)对活动物标如其他船舶,可模拟该船的形状、颜色和能见距离,可由教练员控制号灯、号型及声响信号。

(6)对岛屿、礁石、山脉等,模拟的形状应逼真,位置、高度要精确。

(7)对码头视景,在硬件设备允许的情况下,尽可能逼真再现码头景象(保证图像的更新速率不低于30帧/s)。

(8)逼真体现本船在不同海况下的六自由度运动。

(9)提供一个望远镜通道。

功能完备的驾驶台操纵模拟器的视景系统除了必须具备上述9项内容之外,水平视场角应为180°~270°,可满足多种船舶操纵模拟训练的需要。

选择水平视场角为270°是较为恰当的,较之180°水平视场角,可以直接观察到追越船的态势,这是明显的优点,主要是出于以下考虑：

目前采用多通道宽视场角大屏幕投影的视景系统,各通道共用一个固定的视点位置(绝大多数设在驾驶台中央舵轮处),视线均位于与甲板平行的平面上,中央通道与船艏向保持一致,相邻通道相差一个通道的视场角;视点位置、视线仅随船舶运动(包括水平移动、转向、上下颠簸以及横摇纵摇)而变动,并不随人在驾驶台中的活动而变动。对一般商船而言,站在驾驶台内,透过驾驶台窗、驾驶台两侧的门可能观测到的视景是不可能达到360°的。360°水平视场角视景不但不能增加环境真实感,反而会破坏其真实性。

再者,即使将视景的水平视场角扩展至360°,也无法满足船舶靠离泊训练的需要。视景中所能看到的场景取决于视点位置及视线。靠泊时,大副、二副分别站在船首和船尾,视线朝着各自既能看到码头,又能看到本船船舷的方向,这一点是不能仅靠扩大水平视场角来达到模仿的,在视景系统中设置一个或几个辅助通道,可允许改变视点位置及视线,如设置船首船尾、引航员等可供选择的位置,同时可随意改变视线方向,驾驶员可看到船舷与码头间的相对位置,从而满足船舶靠离泊训练的需要。辅助通道还可作为漫游通道,用以观测船尾270°以外的视景。

当然对某些比较特殊的船舶如拖船、游艇等,采用360°水平视场角既有必要,也有其真实性,是应该考虑的。

目前,船舶操纵模拟器中的视景系统大都采用单眼视觉光学大屏幕投影的方式。为了克服单眼视觉深度感差的缺点,普遍采用增大投影屏幕半径(增大投影距离)的方法加以弥补,随之而来的是巨额的基建投资。再则当船舶靠离泊、景物离本船很近时,很难获得某些景物如岸吊逼近本船时的那种紧迫感。如果采用立体视觉的视景系统,就可用较小的投影屏幕半径(较小的投影距离)获得很好的深度感;对于如岸吊一类的物体,在船舶靠离泊时会有一种即将撞到头上的紧迫感,使得虚拟环境的沉浸感大大增加(图3-9~图3-11)。作者所在的团队已搭建了一个这样的平台,开始从事相应的研究。从研究的初步成果分析,类似的系统将会有其用武之地。

图3-9 船舶抵近LNG码头期间的视景设计

图3-10 船舶在航道航行期间的视景设计

图3-11 船舶抵近集装箱码头期间的视景设计

3.3.2 船舶操纵模拟器对视景系统的基本要求

Phillippe Husni 在视景模拟白皮书(Visual Simulation White Paper)中对船舶操纵模拟器的视景提出下述主要指标。

(1)视景显示的内容,应包括水面、四周的陆地人文景观(桥梁、码头、建筑物),目标船、助航设施、灯塔从船桥可以观察到的本船结构。

(2)视景具有 5 ~ 9 个通道,水平视场角为 120° ~ 240°,个别的可扩展至 360°。

(3)分辨率指标:每个像素 2 ~ 3 弧分(Arcminutes),这里的分辨率指标以弧分为单位给出(学者金一丞等认为这种提法是比较科学的),这一指标是根据航海要求,在较远距离时仍能检测和识别较小的助航设施而制定的。相对其他模拟器而言,船舶操纵模拟器视景显示分辨率较高(例如飞行模拟器为 45 弧分)。

(4)视景更新速率,1000 ~ 2000 个多边形,每秒 15 ~ 30 帧,视景更新速率与显示内容、纹理、光照明暗处理、分辨率和反走样有密切关系。这里给出的是每个通道潜在可见面数量以及最低更新速率指标,多边形具有纹理及明暗。近年来,有些国家政府或者著名船级社也对船舶操纵模拟器的视景系统提出要求,制定了相应的标准,这里以挪威船级社(DNV)拟提出的船舶操纵模拟器认证标准(Standard for Certification of Maritime Simulator System)为例给出船舶操纵模拟器中视景系统的主要性能指标。现将主要依据 A 级给出:

(1)能提供白天或夜晚逼真的场景,包括时间和能见度的变化,能创建一组不同视觉条件下的视景,从浓雾到天气晴朗。

(2)能体现本船 6 个自由度的运动。

(3)有足够的分辨率,视景更新速率不低于 30f/s(B 级为 20f/s)。

(4)投影屏幕离驾驶台窗户的距离至少为 5m,以获得足够的环境真实感,提供望远镜系统供观察使用。

(5)视景系统应能显示本船四周的景物(水平 360°),垂直视场角至少 25°,可以采用水平视场角至少 240°,其余部分通过漫游方式可见来获得。

(6)能依据所用海图在视景中显示全部导航标志。

(7)所显示的对象均有足够的真实性。

(8)相邻两个投影仪投射的视景之间边界畸变应尽可能缩小。

标准还对视景中的目标船单独给出了一些指标,主要为:

(1)目标船应配备按避碰规则规定的号灯号型,这些信号可以由教练员控制,每艘目标船在晴朗天气条件下距离 6nmile 可辨认其外表在航船舶应有与船速相对应的船头浪花。

(2)任何时刻模拟器应能显示至少20艘目标船,教练员可对每艘船设置足够数量的转向点。

3.3.3　关于视景系统性能指标的分析

将上述基本要求加以综合,在选择视景系统软硬件平台时,首先要考虑的因素主要有:分辨率,更新速率,水平视场角,视景的复杂度、真实感及图像质量。下面将分别就上述因素作具体分析。

1)分辨率

毫无疑问,分辨率越高越好,但分辨率提得很高设备投资可能剧增,而且还会影响到图形更新速率。

按白皮书上提的要求,每个像素2~3弧分。这个指标,可以用来确定显示分辨率。假设每个通道的水平视场角为36°,若图形系统的分辨率为800×600,则每个像素约为27弧分(36×60/800);若图形系统的分辨率为1024×768,则每个像素约为21弧分(36×60/1024),显然选择图形系统的分辨率为1024×768已能很好地满足上述要求,而这种分辨率的图形加速卡、投影仪的价格仍处在相对较低的设备价格范围内。

这里假设每个通道的水平视场角为36°,与摄影用标准镜头的视场角相似,也就是说与人眼的视觉特性相似,这也是当前大部分视景图形系统所采用的。

值得指出的是,白皮书及DNV标准(提案)中对显示分辨率的要求,主要是依据航海中"在较远距离时仍能检测和识别较小的助航设施"及"能依据所用海图在视景中显示全部导航标志"而制定的针对现在广泛使用的视景系统的深入研究,对于助航设施中的灯标,若采用自发光多边形建模,而不采取特殊的处理方法,即使采用1280×1024分辨率,也是无法达到上述要求的。计算表明,水平视场角在40°左右,分辨率为800×600,边长约1m的正方形,在距视点1000m时才能生成约1个像素大小的图像。换言之,要能检测到1000m处的灯标,灯标的尺寸应在$1\times1m^2$以上。为此,在显示灯标的算法中,需增加按灯标能见距离将灯标几何模型放大的相应算法,以保证视景中的灯标能依据所用海图正确地显示。

2)更新速率

更新速率与图像分辨率场景的复杂程度、所生成视景的逼真度紧密相关,同样地,也与系统成本紧密相关。追求高更新速率,其结果必然会大幅度地增加开发成本。电影中,根据人眼视觉残留特性,按每秒24帧的速率放映胶片,电影放映的效果已完全为观众所接受。船舶操纵模拟器中视景的复杂程度变化很大，广阔水域航行中视景显示的内容只有本船船头与海面，偶尔有几艘目标船。进出港时，视景可能非常复杂，更新速率的变化可能非常大。在多通道宽视场角视景中，同一时间不同通道中的视景复杂程度差异也很大，也就是说不同通道之间更新速率的差异很大。考虑到这些，系统设计时不采用固定更新速率，让每个通道都以瞬时最高更新速率工作（当然，期间需要采用合理的算法来保证各通道之间视觉上的同步），同时还应保证所有通道的最低更新速率不低于每秒 24 帧。这样获得的视景画面已是很流畅的了。实践证明，若更新速率低于每秒 10 帧，视景将会呈现出明显的跳跃，尤其在本船大幅度转向时。如果要保证瞬时最低更新速率不低于 30f/s，则设备投资会大幅度增加，从而降低了系统的性能价格比。一般来说，由于本船运动（直航或转向）的速度不是很快，视景更新速率在每秒 15 ~ 30 帧是恰当的。

3）水平视场角

视觉模拟白皮书和 DNV 标准（提案）均提出 240°水平视场角的要求，主要是出于在航行值班瞭望时能对追越船舶直接进行监视的要求。按前面所采用的视景参数计算，采用 7 通道拼接的方式即可满足。DNV 标准（提案）提出，除 240°水平视场角以外，其余 120°区域视景采用漫游方式，可见视景系统中要增加漫游功能其实是很容易的，值得讨论的是采用什么样的方式来实现漫游。

船舶操纵模拟器实际上是一种典型的人在回路中的仿真系统，目前这种系统的操纵控制输入装置多采用实物，如车钟、舵轮、控制台等，而这些设备都安装在一个与实船相仿的驾驶台中。驾驶员站在驾驶台中通过对窗外视景的观察（航行值班、瞭望）以及各种设备提供的信息来操纵船舶。很显然，驾驶台已与视景融为一体，驾驶员与驾驶台中的设施是其中很重要的参照。如果不顾这些参照简单地用漫游方式将大屏幕投影的视景切换为 240°水平视场角以外的那部分视景，学者金一丞等认为是不可取的，因为它有可能给操学者等提供错误信息。学者金一丞等认为不妨增加一个以大屏幕显示器作视景显示的通道，对其余 120°视景作漫游，将其想象为安装在船上适当位置的摄像机所摄入的景象，还可以实现部分改变视点和视线的功能，例如可模拟引航员站在驾驶台外不同位置引航时所看到的场景，这一点在靠离泊操纵中尤为重要。

4）视景的复杂度、真实感及图像质量

人们对视景的要求是由计算机生成的视景能与真实场景，譬如现场拍摄的图像一样。尽管图形软硬件在最近 10 年得到了极大的发展，但还是远远满足不了对真实感图形的实时绘制要求，还只能在视景的复杂程度与视景的逼真程度图像质量之间权衡。学者金一丞等认为，下面几点应予以足够的重视。

(1)视景显示的内容

包括水面、陆地、桥梁、码头及码头上的重要设施、典型建筑物港区的城市背景助航设施、灯塔,从船桥可以观察到的本船结构、目标船显示对象的几何关系正确。

(2)显示对象的真实感

①全部显示对象均应有纹理,合理的光照与明暗。

②本船四周的水面应是三维动态的,水面的运动随风的大小与方向作相应变化。

③对助航设施、灯标除了有较强的真实感外,还应保证其灯质能见距离的正确性。

④对目标船应配备按避碰规则规定的号灯号型,在航船舶应有与船速相对应的船头浪花与尾迹。

⑤能体现本船6个自由度的运动。

⑥能见度变化(雾景),时间变化(白天夜晚晨昏影)。

(3)图像质量

图像质量所包含的内容很多,这里仅讨论其中两个主题:

其一为相邻两个投影仪投射的视景之间的缝隙与颜色均匀度。船舶操纵模拟器中的视景垂直视场角较小(25°左右),屏幕一般选柱面幕。由于目前绝大多数图形系统都采用平面透视投影,若将由这样的图形系统生成的数幅图形投射在柱面幕上,以获得宽视场角视景,则要求所采用的投影仪具有一定的非线性校正能力,以前比较多的是采用CRT投影仪,但在拼接部位多多少少会出现一条较易察觉的黑线或亮线(拼接或过拼接),而且CRT投影仪的亮度较低,一般在250 ANSI Lumens上下。最近出现的数字几何校正投影仪(Digital Geometry Corrected Projector),在Texas Instrument DLP技术的基础上组合了一种特殊设计的数字几何处理器(Digital Geometry Processor),使DLP投影仪能做到:①数字非线性图像映射;②柔和的数字边缘融合;③数字热斑补偿;④数字颜色均衡;⑤数字γ校正。

此外,由于DLP投影仪可以做到高亮度,例如1000 ANSI Lumens或以上,而且重量仅为CRT投影仪的1/61~1/10,这种投影仪也可作为选择的对象。

图像质量中的第二个主题是图形的反走样。对船舶操纵模拟器视景来说,这是一个不得不考虑的问题,走样的产生可分为两大类,一类是由于光栅图形有限的分辨率所引起的直线或多边形边界所呈现的锯齿。这种锯齿在视景中由于本船位置航向的不断变化,表现为锯齿在“游动”。另一类是相对较小的、细长的物体在视景中忽隐忽现地闪烁。反走样技术对改善视景图形质量是至关重要的,目前主要通过两种方式来实现反走样,一类是以软件为主的技术,另一类是硬件依靠型的。前一类可选择在特定范围内的某些特定对象,例如防波堤,船舶进出港时防波堤图形经常位于接近水平位置上,锯齿形的走样十分明显,采用多边形融合的方式可使之显著地改观,但是采用多边形融合时要关闭 Z-buffer,由此有可能带来消隐错误等一系列问题,给编程带来很多麻烦。用软件来改善细小物体的闪烁,可将细小物体分为两类,一类是重要显示对象,另一类是一般显示对象。其中重要显示对象主要是一些助航设施,采用不同的 LOD 技术可以在有限范围内改善细小物体的闪烁。对某些细长的物体,如悬索桥中的悬索甚至可以用画线方式来代替对几何体的绘制,当然也要采用 LOD 技术。

采用软件实现反走样,将会显著地降低图形的更新速率,所以想要做到全屏反走样,显著地改善由于走样所引起的视景中的锯齿游动与闪烁,还是首选硬件依靠型的。当前应用最普遍的当数子像素采样反走样模式,例如 8 ×8 或 4 ×4 子像素采样,当然图形系统的硬件投资将会增加许多。

3.3.4 图形系统的选型

当前,图形系统基本上可以分为两大类,一类是将超级计算机的计算能力与强大的可视化图形技术相结合的高档图形工作站,例如 SGI 的 Onyx2。另一类是以 PC 加高性能图形加速卡为基础的图形系统,例如 E&S Quantum3D,Intergraph,Primary Image 3DLabs,WinFast 等生产的各种不同性能的图形加速卡或图形子系统。

选型时应对其性能价格比作充分的比较,比较的主要性能指标包括:

(1)性能。①填充速率(3 线性纹理映射像素数/s);②几何处理能力(纹理、光照、明暗处理三角形个数/s)。

(2)反走样。①边缘融合;②子像素采样;③纹理反走样。

(3)结构。①帧存容量;②纹理内存容量(有效);③颜色深度(位);④像素深度(位);⑤覆盖层(位面);⑥最大分辨率;⑦图形处理器;⑧几何引擎;⑨总线;⑩图形板数量。

(4)硬件支持雾景。①逐个像素处理;②逐个顶点处理。

(5)多通道支持。①同步方式;②相邻通道边缘融合。

(6)API 支持。底层的如 OpenGL Direct3D,Glide 等。高层的如 OpenGVS,VEGA,VTree Integrator 等。此外还应考虑是否有应用广泛的三维建模工具的支持,如 MultiGen 的 Creator,3D StudioMAX 等。

3.3.5 建模素材的搜集

为了使船舶操纵模拟器视景逼真,应尽可能搜集视景模型的有关资料,主要

包括:

(1)恰当比例尺的海图、港图。通过海图可以获得地貌岸线码头助航设施等信息,这些是航海操纵模拟器视景建模的最基本资料。使用港图可以进一步获得港口的详细信息,从整体上了解港内码头建筑物的分布、位置。

(2)可供利用的影视资料(如航空俯拍照片,相关的影视资料等)。

(3)实地勘察。为了掌握第一手资料,建模人员最好到现场勘察,并实地摄影摄像,这样就能对所建物体的形状、外观、颜色等有真实了解,拍摄的照片可处理成纹理后使用。

3.4 多本船系统

鉴于多本船在狭水道航行、避让训练等中的重要作用,船舶操纵模拟器应该是一个多本船系统,各本船通过雷达图像和视景"互见"。近年来渐渐成熟起来的交互式拖轮助航模拟器就是多本船系统成功应用的一个很好的例子。

在交互式拖轮助航模拟器中,被助操船和拖轮分别位于两个或多个本船上,这些本船均有自身的六自由度船舶运动数学模型。拖轮与被助操船舶之间的相互作用通过网络分别作用到对方,能充分体现被助操船舶船长(captain)和拖轮船长(master)操纵各自船舶和船舶之间相互影响的过程。这一点在单本船模拟器中是无法实现的。

在本书中,为了表述方便、简洁,我们将每个本船符合不同等级技术标准的多本船船舶操纵模拟器系统简称为高品质船舶操纵模拟器。由于近年来网络技术的飞速发展,有可能将分布在不同地理位置上的仿真节点用网络联结起来,构成综合仿真环境,允许人的参与和行为表现,因此,要求船舶操纵模拟器是分布交互仿真(Distributed Interactive Simulation)/高层体系结构(High Level Architecture)兼容的。

第 4 章　船舶操纵模拟试验

4.1　船舶操纵模拟试验的应用范围

船舶操纵模拟技术因其先进和复杂程度而具有各种不同的功能。研制该技术的本来目的是培训船舶驾驶人员的实际操纵和避碰技能,后来发展到进行船舶行为研究和船舶交通模拟研究等。目前,大多数船舶操纵模拟器都兼有培训和研究两方面作用,在我国水运工程项目的应用中,主要涵盖以下几点:

(1)对航行环境改变的评价

在某一水域引进一种新的交通状况改善或交通管理措施(如码头改扩建、兴建大桥、开辟新的航道、增设或改设助航标志、实施交通管制措施等)时,事先获得船舶驾驶员的评价、意见及进一步完善的建议是十分重要的。这在许多有关船舶交通管理的文件中也是提倡或要求的。在模拟中,给定不同航路条件或交通条件,由船舶驾驶员操船航行,并记录航行数据,船舶驾驶员就可以给出对新的航路条件或交通条件的主观评估;通过对记录的航行数据的分析,可获得两种不同条件下船舶交通状态(如会遇率、会遇地点分布、交通量、航迹分布、速度分布等)船舶行为的统计规律,对其进行比较,就可以定量评价工程设计方案的好坏。

(2)对船舶行为研究的数据收集

模拟器可以给出不同的航路条件、交通条件、船舶条件及自然环境中的部分因素的有关数据,而驾驶员可根据这些条件、交通环境运用自己掌握的知识、技能、经验等做出判断,并采取相应的操纵行动,通过记录其操纵行动的有关数据,就可获得船舶行为研究的基础资料。因此模拟器模拟是船舶交通调查的重要方法之一。这种调查的突出特点是可在短时间内获得大量调查数据。

(3)对船舶靠离泊操纵的研究

这种研究的主要目的是研究不同自然环境条件及通航条件下的靠离泊操纵方法,给定靠离泊作业的限定条件,但也可用以研究船舶靠离泊过程中的触损事故。

(4)对船舶交通事故的研究

船舶事故是小概率事件,在统计研究中,要么扩大统计期间,要么扩大统计区域范围以获得足够的统计样本数据。这样就会在事故发生条件不同的情况下进行事故规律的探求,从而产生偏差。但通过模拟器可以在短时间内在相同事故发生条件下多次复原事故过程,从中获得事故有关数据,分析事故发生的主要原因。

4.2 工程实践中的主要航行要素

4.2.1 水流对船舶航行的影响

1)水流对船舶操纵的影响

船舶在航行中,受水域的几何形状和尺度及地球偏转力、天文引潮力、降雨量等因素的影响,水流特点在不同水域之间以及同一水域不同时间均各有差异,流速、流向、流态影响船舶螺旋桨和舵的工作状况,对船舶产生相应的水动力,船舶航速和冲程、舵效、回转性能等均会受到较大影响,直接影响到船舶的航行安全。

(1)流压力及转船力矩

船舶在水域中航行时,受到多种因素导致的水流流体动力的影响,主要可以分为两类。其一是船舶自身船体、螺旋桨、舵之间所产生的吸入流、排出流、伴流等的作用力,另外就是船舶航行水域的水文环境因素,如水流、波浪等作用力。一般将外部环境场中水流作用于船体的作用力称为流压力。流压对船舶的影响是较大的,特别是复杂流场水域,且对重载船较空载船影响明显。流对船舶的影响可以定量的从流压力和流压力力矩两个方面来考虑。

流压力的大小、流压角、流压力作用中心均与漂角(相对流向)大小有关。流压力 R_w 是作用于船首尾方向的分力 X_w 和横向分力 Y_w 的合力。其大小可分别用下式估算:

$$\left.\begin{aligned} R_w &= \frac{1}{2}\rho_w \cdot C_w \cdot V_w^2 \cdot L \cdot d \\ X_w &= \frac{1}{2}\rho_w \cdot C_{Xw} \cdot V_w^2 \cdot L \cdot d \\ Y_w &= \frac{1}{2}\rho_w \cdot C_{Yw} \cdot V_w^2 \cdot L \cdot d \end{aligned}\right\} \tag{4-1}$$

式中:ρ_w——水的密度;

C_{Xw}——流压力纵向分力系数;

C_{Yw}——流压力横向分力系数;

L——船舶两柱间长(m);

d——船舶吃水(m);

V_w——相对流速(m/s);

R_w——流压力(N);

X_w——首尾方向流压力(N);

Y_w——横向流压力(N)。

当船舶在水上航行时,由于重力作用点和船舶所受的流压力作用点不一致,以及在沿船长、船宽方向上的流压力分布不均,流压力作用在船舶上将会形成力矩,具体流压力转船力矩可用下式计算:

$$M_w = Y_w \cdot \sin\gamma \cdot (l_G - a_w) = \frac{1}{2}\rho_w \cdot C_{mw} \cdot V_w^2 \cdot L^2 \cdot d \tag{4-2}$$

式中:l_G——重心至船首的距离;

C_{mw}——流压力矩系数,$C_{mw} = Y_{wy} \cdot \sin\gamma \cdot (l_G - a_w)$。

满载船在复杂水流中航行时,会出现来自不同方向的上述水流压力,产生较大的转船力矩,使船舶偏离航向。一般来讲,水流的作用力与水流流速、流舷角、船体有效迎流面积等因素有关。水流对船体的具体冲击部位的不同也会产生不同的影响:船舶中部受到水流流压力时,船首会急剧顺流偏转,一般航行中操迎流舵防偏;船舶中后部受水流流压力会使船首迎流偏转,一般航行中操顺流舵防偏;船舶中部附近受水流流压力则会使船顺流横移。特别是在弯道水域航行时,由于弯曲河段的局部区域流速、流向的变化多端,船舶航行经过时来自不同方向和大小的水流作用于船体,对船体产生不同方向和大小的水动力作用,使船舶所受的阻力、螺旋桨的推力等发生变化。再加上船舶运动惯性,水流从船横向或斜向冲击,可使船迅速横移或偏转,导致船舶偏离航向,驾驶人员操舵或变速时往往会发现船舶失去舵效,甚至超过车、舵控制能力而失控导致事故。

总之,水流产生的水动力转船力矩随水流复杂程度而变化,船舶在复杂流场水域中航行时应充分估计到斜向、横向水流对船体产生的偏转作用。

(2)流致漂移

当船舶首尾线与流向有一交角时,流速与静水船速的合成速度将使船向水流来向相反,流速越大,交角越大,船速越慢,则流压越大,船舶向下流侧漂移速度越快。航行中尤其应警惕水流导致的船舶漂移,操船时为保持船舶沿某一预定航线行驶,需根据当时的水流速度和方向,预配流压差,进行航向修正,在水流复杂水域,如桥区、防波堤口门、码头水域等限制水域显得尤为重要。

如图 4-1 所示,当船受到流速为 V_w、水流方向与航道轴线的夹角为 β 所产生的水动力作用时,船会产生以 V_{ow} 向下流侧方向漂移的趋势。船舶将沿 V_s 与 V_{ow} 的矢

量和 V_{ok} 方向运动,V_{ok} 与船首尾线的交角 α 即为偏航角。V_{ok} 在 X、Y 轴上的分量 V'_s 和 V'_T 为有流影响时的航速和横漂速度。在正横前受流时,流速越快,流舷角越大,船速越慢,横漂速度就越大。

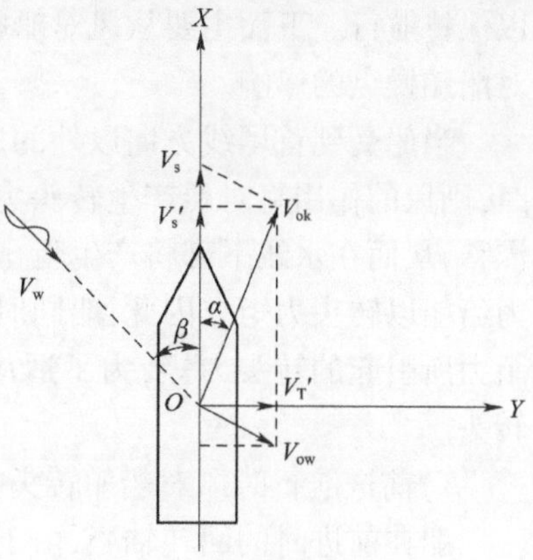

图 4-1 流致船舶漂移示意图

船舶航行时,船舶在航行中漂移量与流速、流向和船舶本身的航向等因素有关。在各种流影响情况下的漂移量(ΔB)可用下式计算:

$$\Delta B = \frac{S \cdot (V\sin\alpha + V_w \sin\beta)}{|V\cos\alpha + V_w \cos\beta|} \tag{4-3}$$

式中:S——计算河长(m);

V——船速(m/s);

V_w——流速(m/s);

α——偏航角;

β——流压角。

从上述计算公式可以看出,航行中的船舶受横向或斜向水流及自身操舵的作用,将发生漂离航线的现象。顺流航行时,流舷角越大,航速越小,漂移量越大;逆流航行时,流舷角越大,航速越小,同样漂移量越大。水流导致船舶漂移不仅改变了船舶的航速,而且改变了船舶的航行轨迹,使船舶的航迹带宽度增大。

2)水流对旋回性能的影响

由于水流对船舶操纵的影响,船舶旋回圈在水流方向上发生漂移而变形。特别是在限制水域,如码头、进出港航道内,船舶在进行旋回操纵时应充分考虑水流的影响。一般船舶旋回掉头时所需水域大小 D 可按下式估算:

$$D = A_{dm} \pm 0.8 \cdot T \cdot V_w + \text{安全余量} \tag{4-4}$$

式中:A_{dm}——旋回最大进距;

T——船舶掉头旋回所需时间;

V_w——水流流速。

4.2.2 风对船舶航行的影响

船舶在水面自由漂浮或者航行,风的影响是无时无刻的。对于驾驶人员而言,在船舶操纵中,风是需要重点考虑的因素之一。船舶航行或停泊在有风的水域时,都会受到风压的作用,其结果是使停泊船舶系缆或锚链上的负荷增大,使港内操纵中的船舶移动或转头的阻力增大,使正在航行中的船舶压向下风向或者使船舶难以保持航行。下面主要从风对船舶的转头、风致漂移、倒车停船等三方面来探讨风对船舶操纵的影响。

当船受到首尾线方向以外的风力,并且风的作用中心与船的回转中心不一致时,则风的作用将对船产生转头力矩。另一方面,当船受到风压时,船体将向下风漂移,从而在水线下部将产生阻止漂移的水的反作用力。其结果是,水线下的水阻力给船以转头力矩。因此,船同时受到风所引起的直接转头力矩和船体漂流时水阻力所引起的转头力矩,为了适应转头力矩而取得平衡,则船将向上风或者下风转头。

1)前进航行时风对船舶转头的影响

船在前进时的回转轴心,由于重心位置的前移,将移到距船首约三分之一船长的地方。至于风压中心的位置,在风向角较小时它比回转轴心更靠近船首,随着风向角的增大则向后移动,甚至移到回转轴心的后面。因此,风所产生的转头力矩,当风向接近船首时,其作用使船首向下风转头,随着风向角 θ 的增大,其作用则使船首向上风转头(图 4-2)。

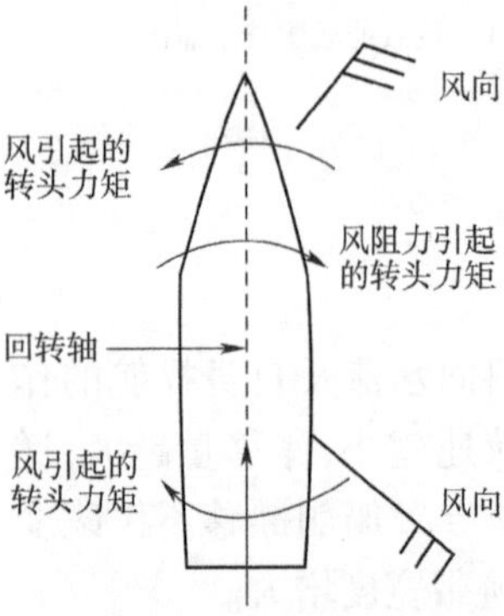

图 4-2 风产生的转头力矩

另一方面,风压使船漂移而做斜航运动时的水线下的阻力叫做迎面推力,它通常作用于船首以向上风转头的转头力矩。

根据以上情况,船在前进时,除风向接近船首外,风直接产生的转头力矩和水阻力产生的转头力矩的作用都使船首向上风偏转,即给船以船首迎风偏的倾向。而且,随着风向角的增加,风产生的转头力矩也增加,达到横风时,转头力矩变为最大。

当风向接近船首时,风产生的转头力矩的作用是使船首向下风偏转,而与水阻力所产生的转头力矩相对抗。但在这时,一般是水阻力产生的力矩大,其结果是,仍然使船首迎风偏。然而在船速特别小,风速非常大时,风产生的向下风转头的力矩占优势,有时船首就变为落向下风即顺风偏。

2)倒航中风对转头的作用

使用倒车后退的情况,也和前进时的情况一样,回转轴心在重心的前方。于是,倒航时水阻力产生的转头力矩及风产生的转头力矩之间的关系,如图 4-3 所示。由于船尾部比船首部宽大,再加上有车叶和舵等设备,所以当船体倒退时,船尾部所受到的水阻力是非常大的,而且船的回转轴心又在前面,所以船尾的水阻力所产生的向上风的转头力矩的作用极大,致使船尾向上风偏转。

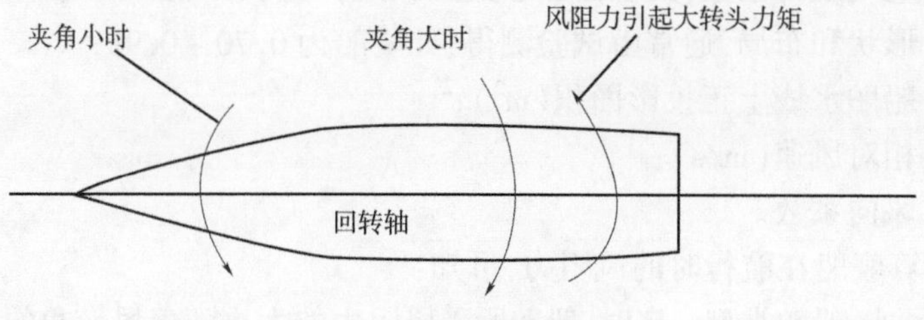

图 4-3 风引起的大转头力矩

总之，倒航中船受到的风力是使船首经常落向下风、船尾挺向上风的转头作用。并且倒退中的船，具有航行不稳定的特点，同时舵效也小，因此，除非风速很弱，否则要抵抗这种风的转头作用几乎是不可能的。

3）风对船舶倒车停船性能的影响

倒车停船是避碰及港内操船的一个重要手段，一直是船舶操纵领域的一个重要研究课题。人们的注意力最初主要集中在估算停船距离及时间上。随着船舶的大型化、自动化，迫切需要预估倒车引起的船舶首向偏转及横偏距离，国内外学者在这方面做过不少工作。但是关于外界条件如风流等对停船影响的全面研究尚不多见。大量事实证明，风力作用下的倒车停船性能，其偏转方向及幅度是随风变化的。倒车停船，特别是港内倒车停船时的初始船速及倒车转速是千变万化的，应结合进速系数来考虑风对倒车停船性能的影响。此外，靠泊过程中为摆正船位，不仅要考虑风对横向偏移的影响，还应考虑风对纵向冲程及船首向偏转角的影响。

风从正横前来会使冲程缩短，从正横后来会使冲程增大，但左前方来风比右前方来风影响大。如船舶为左旋桨船，在倒车过程中首向左偏，正横后左右舷来风的影响也有较大差别，左后方来风对冲程影响很小，而后方来风则使冲程大为增加。这与船舶上层建筑及桨旋转对方向有关。相反，右后方来风不但风力使冲程增大，而且风力矩也阻碍船首左转，从而冲程更大。

横偏与船首向角的改变有较大的关系。左前方来风使横偏向右变化，右前方来风使横偏向左变化。但从船后部来风对横偏的影响不及前方来风的影响大，这是因为后部来风引起首偏转而造成的横偏量增减部分抵消了风力所引起的横漂。

4）风对航行舰船的影响

舰船在航行时受到的风阻力分析计算模型如下：

$$R = K \cdot C \cdot \rho \cdot S \cdot v^2/2 \tag{4-5}$$

式中：R——空气阻力(N)；

C——空气阻力系数，其值由船舶类型决定，取决于风舷角和船体上层建筑的形状和布局，通常由试验测得，如货船为 0.70～0.95；

S——船舶水线上正投影面积（m^2）；

v——相对风速（m/s）；

K——风向系数。

通过计算舰船在航行时的风阻力，可知：

（1）当风速、船舶类型一定时，船舶所受风阻力的大小随着风舷角的增加先增大再减小再增大再减小，其中，当风舷角在大约45°和140°时舰船所受的风阻力最大。

（2）当风舷角、舰船型号一定时，舰船所受风阻力的大小随着风力的增大而增大。

（3）当风速、风舷角一定时，舰船所受风阻力的大小随着舰船吨位的增大而增大。

4.2.3 交通组织的影响

1）我国船舶交通组织的一般原则

船舶交通组织的主要目的是防止水上交通事故的发生和提高港口水域的通航效率。水上交通事故（除自沉事故）实质上是指某一船舶和其他船舶（或其他物体）在同一时刻同时出现在同一位置，实现一种"时空重合"的状态，并造成一定的经济损失、环境污染或人员伤亡的后果。所以，水上交通事故的实质是船舶交通流的"时空重合"。因此，一个水域的船舶交通流形态与水域的交通事故密切相关。合理有序的船舶交通流形态不仅有利于减少和防止水域发生交通事故，保障水域安全，还有利于提高水域通航效率，增大水域利用率。

根据水上交通事故的实质可以判断，避免水上交通事故可以通过避免船舶的"时空重合"入手，即从时间和空间两个方面进行控制和疏导，由此可知船舶交通组织的一般原则为：

（1）尽量避免船舶会遇，特别是形成紧迫局面。

（2）尽量避免追越。

（3）使船舶交通流尽量远离碍航物。

（4）不同类型（大小）的船舶分类管制。

2）交通组织的具体手段

目前，我国许多水域已采取船舶定线制、推荐航线和制定航行规定等措施优化和规范船舶交通流，以预防水上交通事故的发生，保障水域航行安全及通畅，如：

（1）老铁山船舶定线制规定老铁山水道实施船舶分道通航制，有效规范了船舶交通流，同时通过设置“警戒区”和船舶报告制等措施，有效地预防和减少了老铁山水域的水上交通事故，保障了该水域的通航安全，提高了水域的通航效率。

(2)天津港主航道采用复式航道，采取“大船走中间，小船走两侧”的通航方案对船舶流进行分类，有效降低了船舶水上交通事故的发生，保障了水域的通航安全，同时使水域航行船舶更加有序，提高了船舶通航效率。

(3)另外，涉水工程的不断建设，尤其是跨海大桥和石油平台的建设，会对附近水域船舶交通流产生很大影响，也会在涉水工程建设施工前考虑涉水工程对水域船舶交通流的影响，并根据该水域的船舶交通流特征，提前拟定附近水域的船舶交通组织方案。

3)交通组织的影响

随着港口吞吐量的增长，进出港口的船舶数量也在不断增加，船舶构成也在不断变化；而由于港口吐纳货物类型的多样化，船舶种类的多样化发展趋势日趋明显，相应的，主管机关也在同步完善交通组织制度和规定。船舶在受管辖水域中航行，其操纵行为将不同于不受限水域，必须服从当地的交通组织管理规定，以保证整个水域的通航安全。

4.2.4 拖船的运用

1)拖船的种类及特点

拖船一般有较大的拖力和良好的操纵性，可以灵活地进行操纵。与运输船舶比较，由于其工作性质是提供推力或拖力，故拖船有其本身的特点。

在船型方面，拖船船体较短，港作拖船长宽比(L/B)一般在2.5~3.5之间。港作拖船船体水下呈半椭圆体形状，且水下侧面积集中于船中附近。港作拖船的推进器功率较大，每排水吨所分配的主机功率一般为4.0kW以上。在操纵性方面，拖船的旋回直径均小于运输船舶，港作拖船的旋回直径一般小于2倍船长。

2)港作拖船的特性

船舶在港内低速航行，其自力操纵能力严重受限，因此在进出港口的保向、改向和控速，均需要拖船协助。使用拖船助操时，一般应提前预约。在助操前，大船的驾引人员应与拖船船长商定操纵方案，并在操纵过程中，应充分考虑拖船的安全，体谅其操纵上的困难。为了双方的配合与协作，必须了解港作拖船的特性。

港作拖船根据推进装置的不同,分为 ZP 传动推进器(ZP 拖船)、平旋推进器(VSP 拖船)、可变螺距推进器(CPP 拖船)和固定螺距推进器(FPP 拖船)四种。FPP 拖船因其助操效果差,大多港口已经淘汰。目前港口常用 ZP 拖船和 VSP 拖船,ZP 拖船已成为港作拖船的主流。拖船使用特性见表 4-1。

拖船使用特性 表 4-1

拖船种类	FPP 拖船	CPP 拖船	VSP 拖船	ZP 拖船
主机种类	低速柴油机	低速柴油机	中速柴油机	中高速柴油机
主机操作	仅可控制推力的大小	仅可控制推力的大小	控制推力的大小及其方向	控制推力的大小及其方向
启动停止特性	差	良	优	优
旋回性能	差(旋回直径大,为 3 ~ 4 倍船长)	差(旋同直径较大,为 15 ~ 20 倍船长)	优(可原地掉头,旋回直径为 1 ~ 15 倍船长)	优(可原地掉头,旋回直径为 1 ~ 15 倍船长)
横移性能	不能横移	横移困难	可以横移	可以横移
耐波性能	差	差	优	优
前进拖力(每 100 马力)	1 × 9.8kN	1.35 × 9.8kN	0.95 × 9.8kN	1.50 × 9.8kN
后退拖力与前进拖力的比值	80%	60%	90%	90%

3)拖船的使用方式

(1)拖带

拖带(Pulling)是指通过拖缆将拖船的作用力传递给被拖船的一种协助方式,其产生的作用力称为拖力(Pulling Force)。

按照拖缆方向与拖船首尾线的交角进行分类,拖带方式可分为直拖(Direct Pulling)和斜拖(Indirect Pulling)两种。

当 $\alpha = 0°$,即拖缆方向与拖船首尾线平行时,称为直拖,也俗称吊拖或拎拖。直拖适用于被拖船船速较低的情况,一般船速在 0 ~ 5kn 时适于采用这种方式,见图 4-4a)。

当 $\alpha \neq 0°$,即拖缆方向与拖船首尾线有交角时,称为斜拖,也称为非直拖。斜拖适用于被拖船船速较高的情况，一般船速在 3～10kn 时适于采用这种方式。被拖船船速为 10kn 以上时，已经超过了拖船的协助能力，见图 4-4b)。

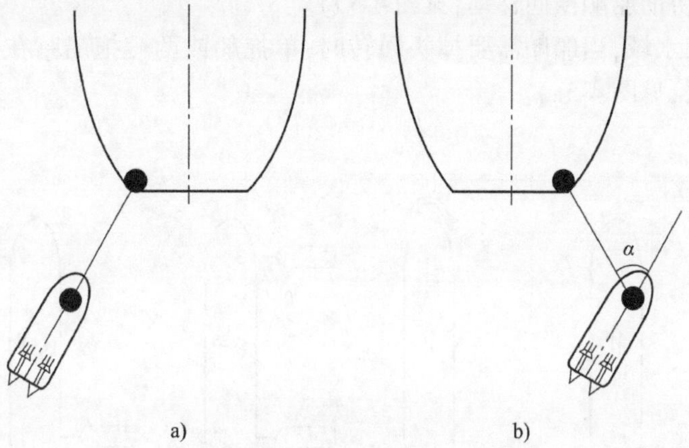

图 4-4　直拖与斜拖方式

显然，普通 FPP 和 CPP 拖船由于其推进器推力方向仅为前后两个方向，故仅适用于直拖方式，不适用于斜拖方式。而 VSP 和 ZP 拖船由于其推进器推力方向是全方位的，故不但适用直拖方式，也适用斜拖方式。

港作拖船协助被拖船的拖带一般采用单拖缆。带缆方式有两种：一种是利用拖船缆绳直接系在大船缆桩上，目前大多数情况使用这种方式；另一种是由大船出缆系于拖船拖钩上。直拖方式一般采用一根拖缆。拖缆长度可根据港内水域宽度确定。为了充分发挥拖船的效率，保证操纵的灵活性，并免拖缆负荷过大，应使拖缆有最小的俯角，一般情况下应小于 15°，即拖缆长度应大于被拖船拖缆出口至水面高度的 4 倍；即使被拖船拖缆出口至水面的高度很低，拖缆长度也不应少于 45m。实用上一般为拖船长度的 2 倍左右。

拖带是拖船协助船舶最常用的方式之一，它适用于力的作用点不变、方向经常变化的情况，改变拖缆与被拖船首尾线之间的交角可改变拖力的方向。利用拖带方式协助大船包括下列几种形式：

①当船舶无动力时，拖船系在被拖船船首，为被拖船提供动力，见图 4-5a)。

②在受限水域，当船舶主机倒车功率不足以停船时，或无动力船需要后退时，拖船系在被拖船船尾，协助船舶减速或后退，见图 4-5b)，也可以通过采用这种方式提高螺旋桨转速来增加舵效。

③在受限水域，当船舶转向困难，同时需要减速时，拖船系在被拖船船尾或尾舷侧，协助船舶减速、转向。这时，直拖角度可进行调整，当船速较低时调整为横向

直拖，拖船仅提供转向作用，见图 4-5c)。

④当大型船舶进行靠离泊操纵时，或吹拢风较大离泊时，两艘或多艘拖船系在被拖船舷侧，协助船舶横向移动，见图 4-5d)。

⑤在受限水域，当船舶需要掉头回转时，单拖船或两艘拖船系在被拖船舷侧，协助船舶掉头，见图 4-5e)。

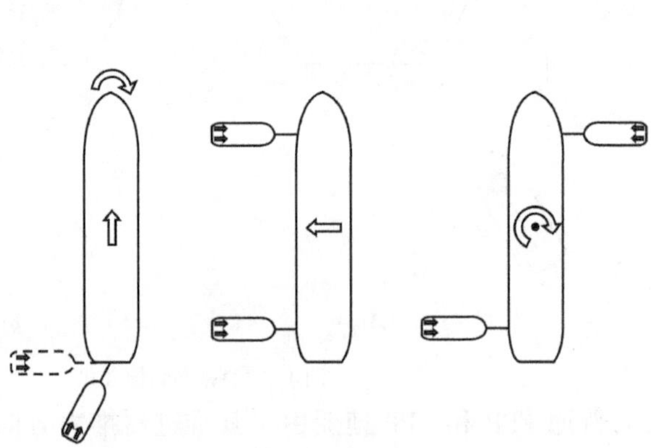

图 4-5　拖带方式及其效果

(2)顶推

顶推(pushing)是指通过拖船船体首部将拖船的作用力传递给被拖船的一种协助方式，其产生的作用力称为推力(pushing force)。

顶推一般采用单拖缆，带缆方式取决于拖船的种类。对于 ZP 和 VSP 拖船，多数采用单缆系缆方式，并采用拖船拖缆，也有不系缆的情况。由于 ZP 和 VSP 拖船都装有拖缆自动收放装置(绞缆机)，且推力和拖力之间可快速转换，则顶推方式可迅速转换为直拖方式；对于传统的单螺旋桨的 FPP 和 CPP 拖船，一般也采用单拖缆，个别有双首缆的情况。

顶推也是拖船协助船舶最常用的方式之一，它适用于力的作用点经常变化的情况，改变拖船首尾线与被拖船首尾线之间的交角可改变推力的方向。利用顶推方式协助大船包括下列几种形式：

①当船舶有进速，且船速较低时，单拖船系在被拖船尾部舷侧，协助被拖船转向或回转掉头，为了保持拖船始终与被拖船首尾线垂直，在拖船船尾与大船之间另加一稳定缆，见图 4-6a)。

②当船舶有退速，且退速较低时，单拖船系在被拖船首部舷侧，协助被拖船转向或回转掉头，见图 4-6b)。

③当大型船舶进行靠泊操纵,或吹开风较大靠泊时,两艘或多艘拖船系在被拖船舷侧协助船舶横向移动,见图4-6c)。

④在受限水域,当船舶需要掉头回转时,两艘拖船或多艘拖船分别系在接近船首和船尾的相反舷侧、协助船舶回旋掉头,见图4-6d)。

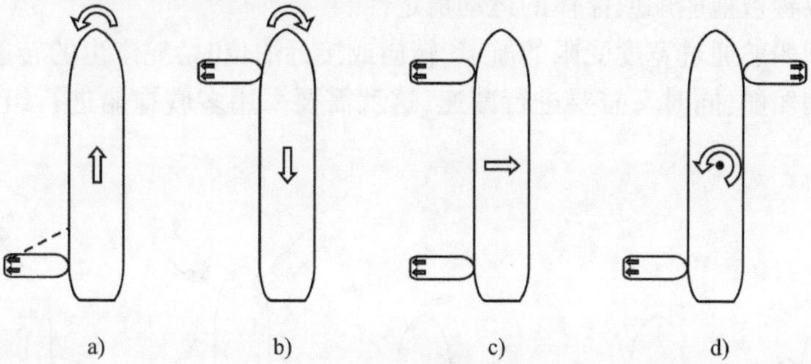

图4-6　顶推方式及其效果

(3)傍拖

傍拖是指通过拖缆或拖船船体侧部将拖船的作用力传递给被拖船的一种协助方式,其产生的作用力称为侧推力(side pushing force)或拖力(side pulling force)。傍拖属于舷侧协助方式之一。

傍拖的带缆方式取决于拖船的种类,对于普通FPP和CPP拖船,一般采用双拖缆或三拖缆,带缆方式采用单首缆和单尾缆或双首缆和单尾缆系缆方式,船尾拖缆也称为稳定缆。对于操纵灵活的ZP和VSP拖船,也有仅系单首缆而傍靠于被拖船舷侧,必要时进行侧向推进或直拖。

傍拖也是拖船协助船舶较为常用的协助方式之一,它适用于力的作用点和方向基本不变的情况,改变拖船拖力的可改变作用力的大小。利用傍拖方式协助大船包括下列几种形式:

①当船舶无动力时,拖船系在被拖船的两舷,为被拖船提供动力,见图4-7a)。

②在受限水域航行或通过航道时,拖船系在被拖船船尾两肢侧向推进,协助船舶保向,见图4-7b)。

③接近泊位过程中,拖船在船舶一傍拖,协助保持船位,防止船速较低时受吹开风的影响造成船位漂移过大,必要时进行顶推,见图4-7c)。

(4)其他协助方式

上述两种或三种方式的组合可用于不同情况下协助被拖船,也称为组合拖曳。这种方法通常适用于在受限水域拖带无动力船或大型船舶通过航道的情况。其产生的作用力包括推力或拖力。组合拖曳时拖船的作用包括保向、变向以及提供前进或减速的动力等。

当拖动无动力的大型船舶或排水量较大的浮体(如钻井平台、浮船坞等)时、多艘拖船可布置成既可进退,又可原地回转的四角牵引的直拖方式,见图4-8a),这样可大大改善被拖船舶或浮体的运动稳定性。

当大型船舶通过宽度受限的航道、转向或接近泊位时,舵产生的转船力矩不能有效地控制船舶,同时又需要进行减速,这就需要采用多艘拖船进行组合拖曳,见图4-8b)。

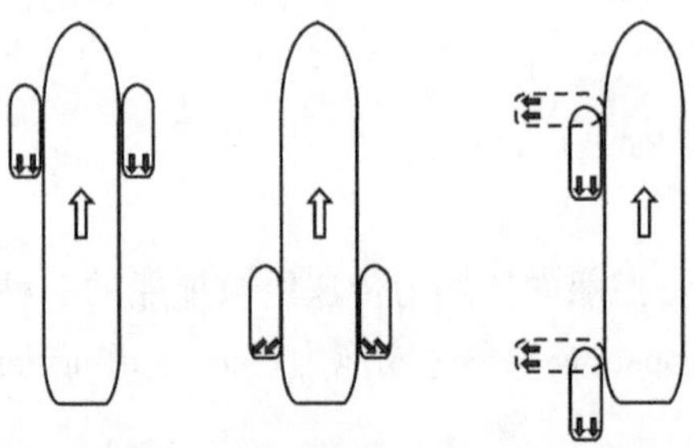

a)　　b)　　c)

图4-7　傍拖方式及其效果

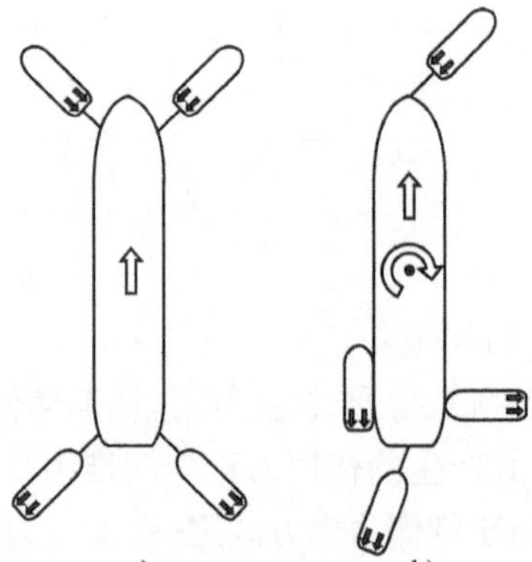

a)　　b)

图4-8　组合拖曳

4.3　模拟试验的总体思路和技术要求

4.3.1　模拟试验实施的总体思路

模拟器模拟的工作过程一般是先提出问题,再确定模拟方案,然后实施模拟,最后进行数据分析。

(1)“提出问题”就是根据研究项目需要,列出所要模拟试验的项目,每一项的描述参数及涉及因素,通过何种方式模拟才能获得这些参数的数据,涉及的因素如何处理,数据量及其精度要求,对参加模拟试验项目的人员素质、资历等的要求等。模拟方式是让船舶驾驶员根据模拟器产生的船舶会遇状态,自主地按实际航行会遇情况下的避让方法实施操船避让,由模拟器中的计算机记录有关数据。参加模拟的船舶驾驶员可以根据其资历适当分组,如船长、大副等。

(2)"确定方案"就是根据提出的每项问题,确定其解决方法,并要确定实施模拟的总体方案。总体方案中要考虑的项目主要有:使用何种模拟器、模拟船舶的运动方式、模拟的设定条件,以及上述问题的解决方案等。

(3)方案确定后,在各种其他条件允许情况下,即可按方案实施模拟;模拟过程中还会发现、发生一些问题,可随时解决。数据分析是在模拟器模拟试验结束后对记录数据的处理,以获得研究项目的描述结果,这也是模拟研究的最终目的。

4.3.2 实施船舶操纵模拟试验的具体技术要求

(1)在提出问题、确定方案阶段,即在模拟试验开始之前,应该对模拟的全部工作,包括细节等全面掌握,尤其是对研究问题的描述要全面。如果疏忽了问题的某一方面,就可能造成模拟结果的不够完善,从而达不到模拟的目的。为了避免模拟失败或模拟考虑不周,可在正式模拟前进行预模拟。

(2)模拟环境要尽可能接近实际航行状态。因为是在实验室中进行模拟试验,所以参加模拟的船舶驾驶员的"临战"心理状态与实际航行中的心理状态是不同的,而在不同的心理状态下,人的思维判断、反应、工作责任感、危机感等是不同的。在实验室环境下,船舶驾驶员往往不能深入模拟角色,所表现出的操船避让行为也就不能完全反映其航行实践中的习惯做法。为此,一方面应使模拟实验室的布置尽可能与船舶驾驶台相似,其模拟驾驶台与实际驾驶台基本相同;另一方面,要让参加模拟的船舶驾驶员独立工作,无关人员不应在其身旁,负责模拟的技术人员也应在不同房间控制、观察模拟进行情况,而不应直接介入船舶驾驶员的操船等。

(3)模拟过程中所给出的船舶交通状态应尽可能接近考察水域中的船舶交通实际。绝大部分模拟器中的船舶运动模拟模型是给定的,当输入船舶静态和动态参数后其运动模式就确定了;但航路模型、自然环境条件可以根据实际状态确定;船舶交通状态一般应根据实态观测数据产生。

(4)认真选定参加模拟的船舶驾驶员,因为船舶交通中人的因素影响较大。具有不同的知识水平、资格、经历的船舶驾驶员,其操船行为也不同。因此,在选定参加模拟的船舶驾驶员时,应注意到这一点。如果仅让某一级别(如甲类船长)的船舶驾驶员参加,也要考虑到这一级别的驾驶员在知识、经历上的不同,而应无差别选定,不能仅选定那些资历浅的或资历深的。如果无级别选定,则各级别的驾驶员比例应相当,否则在给出模拟结果时应说明模拟的人员条件。

(5)所采用的船舶操纵模拟器应可以根据工程需要对工程水域自然环境、交通流、操纵限制条件等方面内容进行针对性建模,同时大型船舶操纵模拟器还需便于对港口、航道等进行评估。模拟一些特定试验中还应具备突发事故的应急仿真功能,例如,在突发拖轮故障、船舶主机故障、舵机故障等情况下,为了船舶安全,引航员采取应急操纵模拟。功能具体要求如下:

①模拟器应建有一定数量的具有代表性视景模型,且该模型应具备准确的、符合工程实际位置的水深、潮汐、风、流、交通流及港口等方面的数据资料。

②模拟器应可以模拟不同天气(晴天、多云、阴天、雾、雨、雪等)及能见度、不同海况(风、浪、涌、流等)、不同时间(昼夜连续可变)条件下的航行、操纵。

③一些特定试验中,模拟器应能实现船舶靠离泊过程中,突发主机失控、舵机失灵、拖轮故障等紧急情况下的船舶操纵及拖轮协助操纵模拟。

④在有交互式拖轮参与的试验中,模拟器须实现拖轮与大船在同一场景下的协同作业能力,其中拖轮和大船应分别由具有相关资质的驾引人员进行独立操作,拖轮与大船可用 VHF 或对讲机通信以达到交互和联动,拖轮模拟器应能够模拟包括 CPP 型、VSP 型和 Z 型在内的拖轮模型。

4.4 模拟试验工况设计

4.4.1 试验工况设计原则

大型船舶操纵模拟器考虑模拟环境中各种外界影响力(风、流、浪、岸壁、暗礁、航道几何形状的变化、拖船与顶推船)对船舶操纵的干扰力,以及船舶内部(车、舵、锚及船—桨—舵间相互作用力等)的作用力。可以模拟不同天气及能见度(晴天、多云、阴天、雾、雨等)、不同海况(风、浪、流等)、不同时间(白天、昼夜)条件下,各种类型、大小的船舶(包括杂货船、散货船、客船、油船、集装箱船、液化气船、化学品船、高速船、超大型船舶、拖轮等)的操纵;能真实地模拟船舶受到的浅水、岸壁和船间效应;能真实地模拟靠离码头操作中本船在锚、车、舵、缆、拖轮作用下的响应;能真实地模拟国内外各主要港口、水道、海域的较为真实场景。

方案实施过程中可通过分析模拟试验记录的数据,反复比对和观察船舶运动的轨迹,重点考察环境因素对船舶的干扰作用,定性和定量分析船舶在工程水域的航迹带宽、掉头轨迹等,得出工程水域船舶航行的最佳操纵方案,设计出船舶航行的最佳航线。还可将船舶操纵试验得到的数据和分析结论提供给工程设计单位,以便根据模拟结论修正工程相关的设计参数。

船舶操纵模拟仿真试验的一般流程图如图4-9所示。

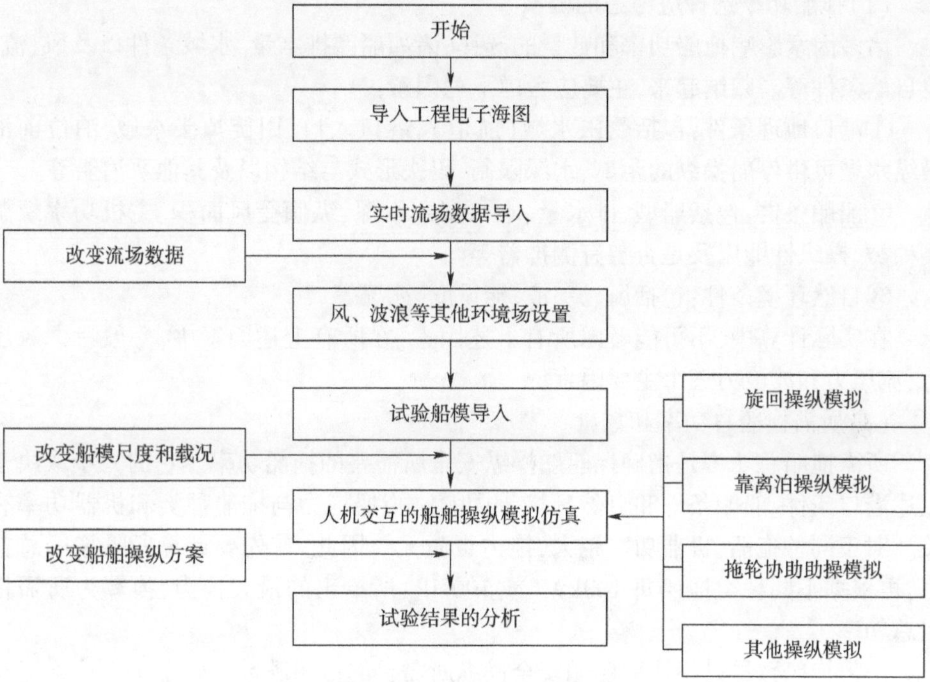

图4-9　码头类操纵模拟仿真试验的一般流程图

4.4.2　工况设计中重点参数的确定方法

基于实时模拟流场的船舶操纵模拟时，应根据模拟试验的目的不同导入不同的流场数据，并结合熟悉航行水域的船长、引航员的实际经验，拟订初步试验方案。

1）环境参数设定原则

在工况设计阶段需重点考虑工程水域水流特点，比如在内河水域为得到不同季节水流条件下的船舶操纵模拟数据，应分别采用洪、中、枯水期的模拟流场对船舶操纵运动性能进行模拟；对于拦河闸坝工程，应考虑调度运行方式和实测水位流量关系，选定坝址上、下游的试验流量级；而在潮流影响水域则应考虑涨潮落潮流、涨潮涨潮流、落潮涨潮流、落潮落潮流等情况下的船舶操纵。

此外，还需对风向风速、船舶载况等进行适当调整，以充分了解船舶在不同工况下的运动状态。通常情况下，应充分考虑工程区的常风向、强风向以及对靠离泊和航行最不利的风向。

2)拖船的选定

(1)拖船功率选择应考虑的因素

诸多因素影响拖船功率和数量的选择,诸如船型排水量、水域条件以及风、流、浪自然条件等。归纳起来,主要应考虑下列因素:

①港口地理条件:包括受限水域(航道)、港口入口、回旋掉头水域、泊位前沿操纵水域可供停船操纵的距离、水深限制、码头形式与结构以及其他系泊船等。

②船舶条件:包括船型、排水量、吃水富余水深、纵倾受风面积、主机功率螺旋桨种类、操纵性能以及是否装有侧推器等。

③自然环境条件:包括风、流、浪、能见度、冰况等。

在实际计算中,不可能考虑所有上述因素,在所有上述因素中,一般考虑风压力、流压力和波浪力三个主要因素。

(2)所需拖船总功率和数量

所需拖船总功率是指确保船舶操纵安全所需要的拖船功率。它的大小取决于上述港口条件、船舶条件和自然环境等因素。拖船拖力与拖船种类和机器功率有关。对于同种拖船,机器功率越大,拖力也越大。因此,首先要计算所需拖船总拖力,再根据不同种类拖船每100kW(或100HP)所给出的最大拖力,换算为所需拖船总功率。

所需拖船数量是指协助船舶安全操纵所需要的拖船艘数。确定了上述拖船总功率后,再根据港口拖船资源情况,决定所需拖船的数量。所需拖船的数量取决于船长、排水量和船型等因素。对于小型船舶,一般情况下1~2艘即可满足安全要求,且每艘拖船的功率也不需要很大。但对于大型船舶,由于其排水量巨大,小功率的拖船对其作用不大,则不但需要大功率拖船,而且需要多艘拖船协助。

4.4.3 船舶失控条件下的模拟试验设计

典型的船舶失控工况可以概括为三种。一种是由于主机或推进装置故障,导致船舶动力缺失但操舵装置正常工作,即车失控而舵不失控;二种是舵机故障,导致船舶改向、保向困难,不能按驾驶人员意图进行转向避让或改向操作但主机推进正常,即舵失控而车没有失控;三种是主机和舵机均发生故障,即车、舵均失控,这是三种工况中最为特殊也是最为危险的一种。

当船舶处于第一种工况时,驾驶人员可通过操舵改变航迹使船舶行驶在相对安全的航道水域上;当处于第二种工况时,驾驶人员可以通过变速、减速、停车以及倒车把船停住,从而控制船舶前进态势,改变航迹,使船舶行驶在相对安全的航道水域上;显然,第三种工况为前两种情形的特例。

4.5　模拟试验组织与实施

4.5.1　模拟试验前的数据准备

(1)工程水域电子海图构建与显示

ENC是以数字形式描述航行水域航海信息供ECDIS使用并且符合S-57标准的电子海图。ENC除包含为了安全航行所必需的海图信息外,还包含航路指南、港口概况等其他有用的信息。电子海图在船舶操纵模拟仿真中的作用主要是耦合船舶操纵运动数学模型,能实时、直观、精确地显示船舶操纵模拟过程中本船与水域岸壁、水工建筑物、航道等地理环境相对位置关系及本船的实际运动状态。依据业主提供的工程设计的AutoCAD图,对拟模拟工程附近水域的AutoCAD图信息进行数据录取、数据输入、数据转换、坐标转换等流程,即可建立相应的电子海图。

(2)实时流场数据的导入

在船舶操纵仿真模拟试验中,船舶操纵模拟器的流场数据大多数是采取定常和均与的假设,在整个仿真模拟船舶操纵的过程中,船舶都受相同大小和方向的水流作用力。然而由于通航设计论证中的工程水域流场在时间上、空间上的每一处流向、流速数据几乎都是不同的,船舶在航行中易受到这种复杂水流扰动力的影响,故如能将实时变化的流场输入模拟系统之中,则模拟结果将会更加接近工程实践。

4.5.2　模拟试验程序与组织

根据具体工程和研究内容的需求,确定试验工况和试验顺序,随后则可开始最先的模拟(如果对讨论的范围有要求,在各参加部门之间安排讨论会议并且由模拟人员记录输入数据和实施建议,这样做在前面几个阶段是有效的)。后续具体的组织模式如下:

(1)会议开始的初期就模拟/运行的最终草案达成一致,模拟开始时所有参与者都要在现场。

(2)最终方式的简要概述,可用的助航设施、拖轮和它们的能力,当前环境和当地发展现状信息都应该提供给参加者和模拟工作人员。

(3)所有模拟仿真设施都应在试验之前准备妥当。现场助航设施应可用,会议和报告现场的设施包括投影屏幕和标记板等都应可用。

(4)每种工况的每次模拟试验结束,应进行逐一简短的评价;所有的试验应记录在随后的数据报告中。任何参考轨迹平面图或修改步骤都要被记录并与客户确认。

(5)每天进行完模拟后,第二天的模拟计划或者最终草案的任何修改都应该被确认,并按顺序实施。

(6)模拟的最后,要进行总结性论证评估会议,结论性的建议和意见将纳入最终报告。

4.6 模拟试验研究报告编制

4.6.1 报告编制的总体原则和主要内容

1)模拟试验实施和报告编制的总体原则

一般来讲,由于模拟试验研究的范围较小,需要仿真提供者进行深度分析的仿真,以便提供适当的结论和建议。

2)报告需要涵盖的几个方面

(1)模拟试验的目的和方法;

(2)研究对象概况;

(3)试验船舶模型描述;

(4)水道或港口水域的描述,例如:通航环境情况、助航设施、交通管理;

(5)模拟建立的描述,运行步骤描述(有模拟执行的轨迹平面);

(6)操纵注意事项;

(7)获得的风、流、波浪等环境限制;

(8)浅滩作用影响;

(9)白天/黑夜的注意事项;

(10)助航设施的位置和作用;

(11)应急计划的描述;

(12)拖轮协助的建议和结论,例如,拖轮类型(ASD,VDP等);

(13)分析结论;

(14)如有需要,提出其他实用性建议。

4.6.2 模拟试验报告的具体模式

具体而言,对于码头、桥区水域、船闸、航道类工程,模拟试验研究报告可参考如下模式展开研究:

1)码头工程船舶操纵模拟研究内容

(1)通航环境分析,包括自然环境、港口环境及其他基础设施、交通环境条件、交通安全形势、安全保障现状、相关管理规定以及有碍通航安全的其他碍航物等方面的分析;

(2)项目建设合理性、可行性论证,码头水域规范性论证;

(3)项目建设对通航环境的影响;

(4)通航安全仿真试验,包括船舶操纵运动数学模型的建立、模拟检验与验证、模拟试验方案设计、模拟试验结果分析;

(5)存在的问题及安全保障措施;

(6)结论,包括模拟试验结论和通航安全影响方面存在的主要问题及分析,并提出相关建议和安全保障措施,得出综合结论。

2)桥区水域船舶操纵模拟研究内容

(1)桥区通航环境分析:收集桥区地形、水文、船舶尺度、船舶结构等基础资料,分析通航环境。

(2)桥区河段船舶操纵模拟仿真模型建立:依据收集的桥区地形、桥梁以及代表船型资料,结合水流模型计算成果,利用大型船舶操纵模拟器,建立船舶操纵模拟仿真模型,考虑风流等自然环境,设定模拟试验方案。

(3)桥区河段船舶操纵模拟仿真试验:进行典型工况下的船舶操纵模拟仿真试验,分析船舶通过桥区水域的主要航行参数指标,论证桥梁布置方案是否满足船舶通航的要求。

(4)桥梁碰撞概率计算:考虑人为因素的影响,对桥梁碰撞概率进行了计算。

(5)结论及建议:根据以上计算分析成果,从船舶操纵角度评价大桥布置方案的合理性,分析船舶在桥区的通航风险,提出保障措施和建议。

3)船闸工程船舶操纵模拟研究内容

(1)通航环境分析,包括航道概况、气象特征、水文特征、交通环境、相关管理规定等方面的分析;

(2)通航安全仿真试验,包括模拟检验与验证、船舶模型的率定、船舶航行参数判别标准、试验范围、设计船型、模拟试验结果分析;

(3)模拟试验结论,并提出相关建议和安全保障措施。

4)航道工程船舶操纵模拟研究内容

(1)项目概况:阐述船舶操纵模拟试验的必要性及意义,列出专题研究报告的主要技术依据及相关行业标准,详细说明试验报告的主要内容及研究结论。

(2)通航环境分析:分析工程水域气象、水文条件,掌握航道的交通环境,分析航道地形,明确实际通航船舶尺度、载重量、船舶航速及航迹线、船舶结构等基础资料,分析通航环境。

(3)船舶操纵模拟仿真模型建立:依据收集的桥区地形、桥梁以及代表船型资料,结合水流模型计算成果,利用船舶操纵模拟器,建立船舶操纵模拟仿真模型,设定模拟试验方案(考虑风、流、船型等因素)。

(4)船舶操纵模拟仿真试验:进行典型工况下的船舶操纵模拟仿真试验,分析航行参数指标,分析航道优化方案的合理性。

(5)通航风险分析:根据模拟试验结果,识别对船舶通航不利的水流条件及典型区域,对船舶上行、下行等状态下的通航风险进行分析。如有必要,研究划定船舶避让等候区,结合助航设施优化设置,完善船舶对危险区域的避让规则。

(6)研究结论:根据以上分析成果,从船舶操纵角度对航道优化方案提出改进的建议,对避让给出设计代表船型的操纵要领及安全保障措施。

第 5 章 工程应用实际案例

5.1 码头工程船舶操纵模拟研究案例

5.1.1 项目工程概况

(1)项目位置

本项目位于天津港南疆北侧岸线东部港区,对应天津港主航道里程 K12 + 800,本项目东侧 930m 处为已建的南 30 号原油码头,西侧为已建的南 26 号专业化矿石码头。

(2)项目建设规模及平面布置

本项目拟建 1 个 30 万吨级通用散货泊位,设计吞吐量为 1450 万吨/年,其中进口焦煤 480 万吨/年,有色金属矿石 490 万吨/年,铁矿石 480 万吨/年。

本项目码头泊位岸线走向为 281°4′17.7″~101°4′17.7″,与航道轴线平行,岸线长度为 390m,停泊水域宽度为 150m。船舶回旋水域布置在码头前沿,回旋水域直径为 680m。项目总平面布置见图 5-1。

5.1.2 模拟试验方案设计

(1)模拟试验水域:从船舶操纵角度出发,进出该码头的通航水域分为两段:第一段为码头港池水域,需进行靠离泊作业;第二段为防波堤口门水域,该水域流况较复杂,需进行通航模拟。

(2)船舶因素:影响船舶进出港安全的船舶因素包括设计船型、载重状态、进港船速以及拖轮使用计划等。

①模拟试验船型:根据设计方提出的设计船型主尺度,本次试验主要采用设计船型 30 万吨级散货船。

②船舶载重状态:船舶进出港、靠离码头的航行种类一般包括压载进港、重载进港和重载出港、压载出港四种类型。根据货物运输情况,本项目以重载进港、压载出港为主。

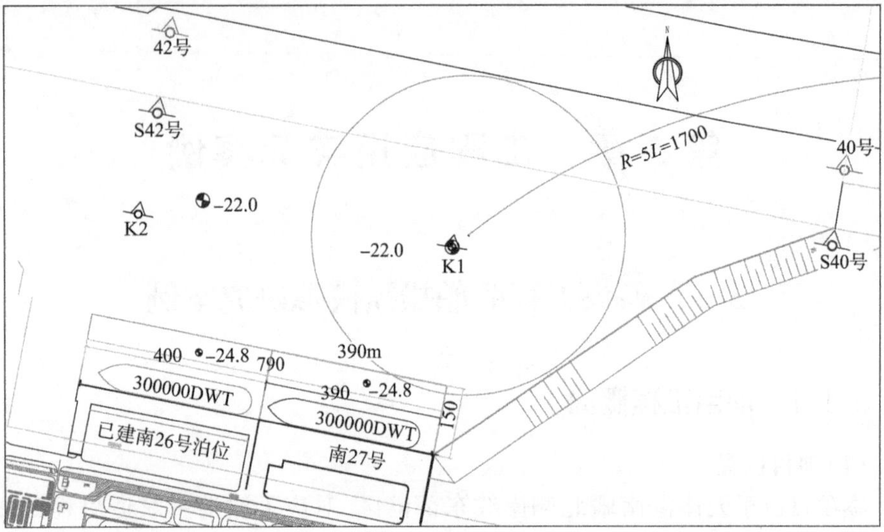

图 5-1　平面布置图

③助航拖轮的使用计划：使用拖轮的数量应根据港口实际情况确定。除考虑船舶本身的运动所需拖轮功率外，还应考虑风、流和波浪的影响。船舶在航道航行、码头靠泊操作过程中，可能会有大角度转向调头回转，因此，其操作存在一定难度。特别在风大、流急的情况下，这种难度会大大增加。

30 万吨级散货船平均需配备总功率约 23990HP 的港作拖轮来辅助进出港操作，所需拖轮数量为 4 ~ 5 个。

目前南疆 26 号泊位正在运营的为一个 30 万吨级专业化矿石码头，借鉴天津港引航中心对 30 万吨级引航的相关经验，需配备 4 ~ 5 艘 5000HP 以上的拖轮。

(3)航行环境因素。

①风的选取：根据天津塘沽海洋站的资料统计，常风向为 S 向，强风向为 E 向，码头走向为 101° ~ 281°。试验选择最常见的、对操船影响较大的风向：常风向 S 向(180°)、强风向 E 向(090°)、吹拢风 N 向(000°)和 NE 风(045°)，风力选取为蒲氏 6 级、7 级和 8 级。

②流速、流向的选择：根据本项目通航水流数学模型计算的流场。防波堤以内涨潮时航道中心线最大流速 0.44m/s，落潮时最大流速 0.38m/s，航道最大横流约为 0.2m/s；口门附近最大涨潮流速为 0.63m/s，最大落潮流速为 0.21m/s。本项目港池水域涨落潮最大流速基本在 0.15m/s 以下，码头前沿最大流速不超过 0.1m/s。航道、港池涨落潮情况如图 5-2 ~ 图 5-5 所示。

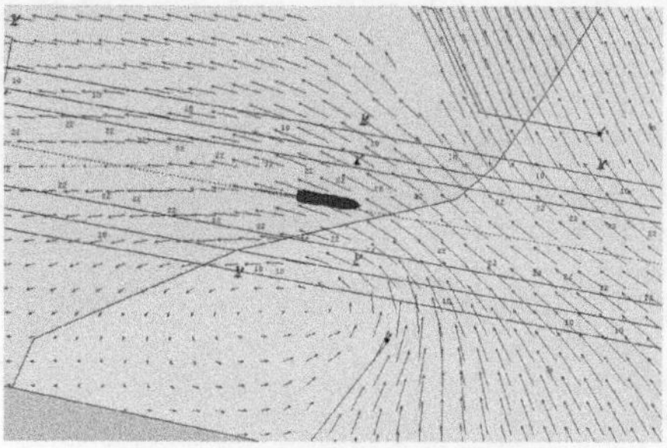

图5-2 航道涨潮示意图

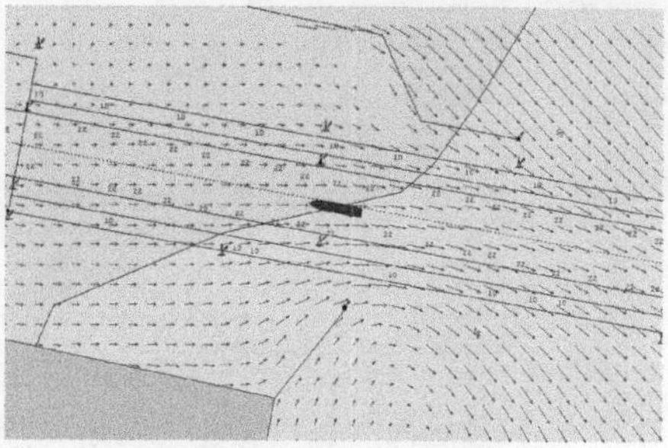

图5-3 航道落潮示意图

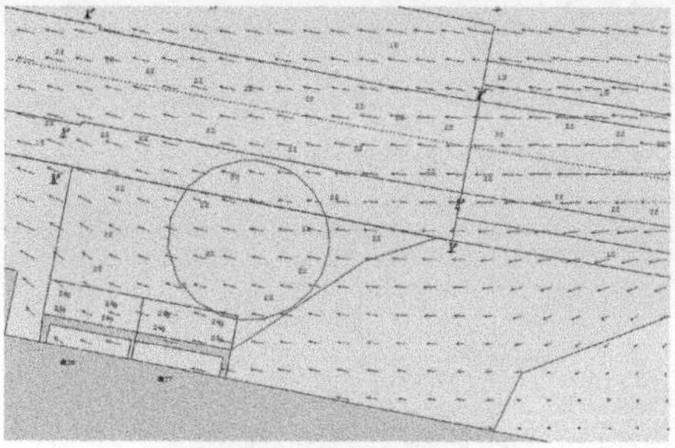

图5-4 港池涨潮示意图

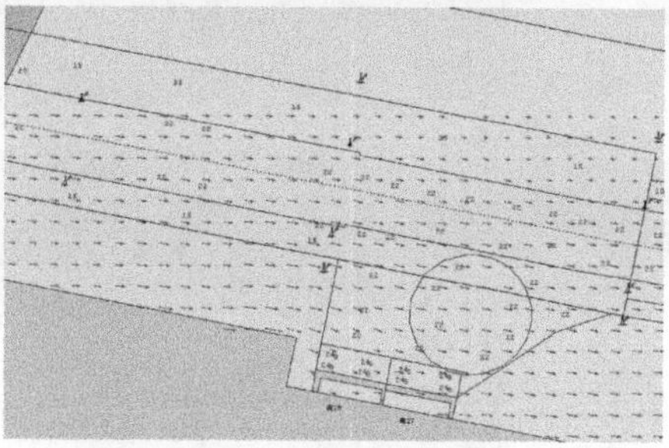

图5-5 港池落潮示意图

(4)模拟试验方案。

本试验根据上述试验水域、船舶因素及航行环境因素进行设计,船舶靠泊和离泊操纵期间,本项目选取三个风向:常风向(S向)、强风向(E风向)和吹拢风(NE风和N风),风力为6级、7级和8级。流场为涨落潮时刻的流场。以下根据船舶靠泊模拟试验结果分别讨论风和流的影响,提出操纵要领。

5.1.3 模拟试验结果分析

1)靠离泊模拟试验结果分析(以靠泊为例)

(1)风的影响:风对船舶进港靠泊的影响程度与风力、风向和装载情况有关。

①由于压载情况下船舶水面以上受风面积大于满载情况,风致漂移量较满载情况下大,因此,同样风力情况下,压载靠泊操纵的风险大于满载靠泊操纵的风险。如图5-6、图5-7所示,船舶压载状态下横向速度较大。

②不同的风向对船舶带来不同的操纵风险。在靠泊过程中E风向影响船舶的纵向速度,操纵不当容易与26号泊位的船舶发生碰撞;吹拢风(N风向和NE风向)加大了船舶的入泊横移速度,增加了船舶控制法向靠岸速度的难度;常风向(S风向)减小靠泊的横移速度,船舶靠泊的风险较低。

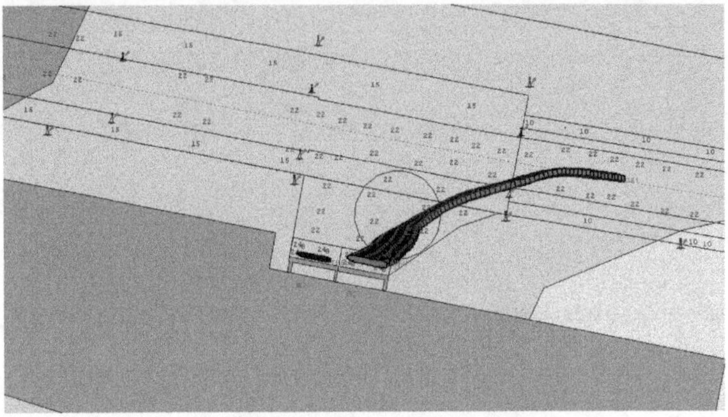

图 5-6　30 万吨级散货船满载(N-7,落潮)靠泊轨迹图

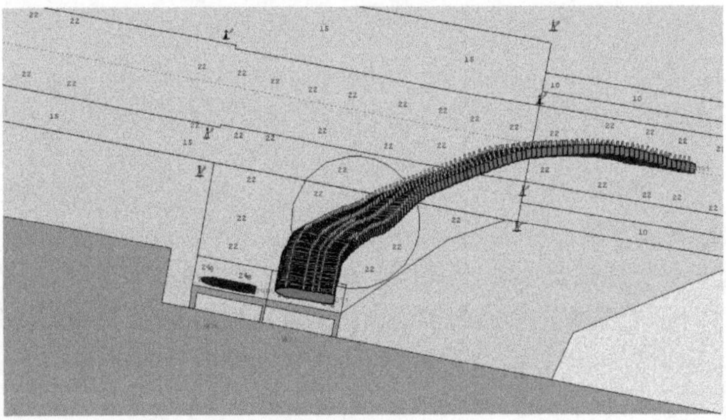

图 5-7　30 万吨级散货船满载(S-6,涨潮)靠泊轨迹图

③风力的大小直接影响船舶的操纵难度,风力越大,船舶靠泊的风险越大。模拟试验表明:风力在 7 级以下,并采取相应安全措施的情况下,只要驾驶人员谨慎操作,基本可以保证设计代表船型靠泊作业的安全。风力在 7 级情况时,通过加大拖轮马力,可以靠泊,但横移速度难以控制,风险较大,不建议靠泊;风力在 8 级情况下,船舶横移速度无法控制,船舶靠泊出现失败的情况。

(2)流的影响:根据本项目通航水流数学模型计算的流场。港池水域流速较小,涨落潮最大流速不超过 0.15m/s,因此对船舶靠泊操纵影响较小。

2)进出口门模拟试验结果分析

(1)涨潮期间进口门,流向变化较快,口门附近横流较大,船舶受流的影响有向北侧横移的趋势。涨潮期间出口门,流速变化大,流向变化较快,船舶受流的影响偏移量较大(图5-8)。

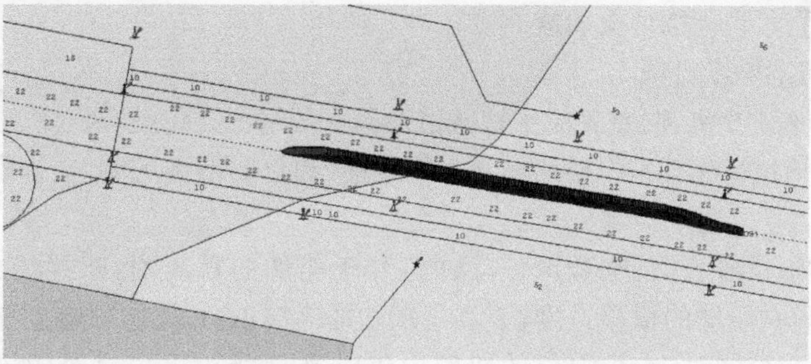

图5-8 30万吨级散货船压载(S-7,涨潮)进口门轨迹图

(2)落潮期间,航道流向变化小,船舶进口门为顶流航行,船舶出口门属于顺流航行,船舶应根据流速、流向合理控制航向(图5-9)。

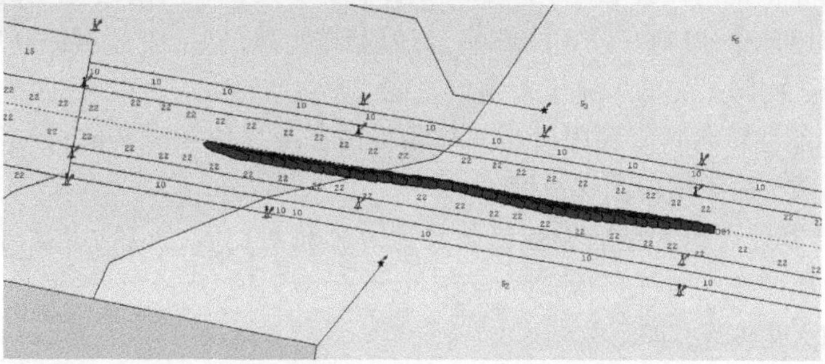

图5-9 30万吨级散货船压载(N-7,落潮)进口门轨迹图

(3)模拟试验表明:当风力在7级及以下时,船舶操纵较容易,偏移量较小,船舶进港的安全系数高。当风力在7级以上时,船舶受风流影响较大。因此建议风力在7级以上时禁止在航道中航行。

5.1.4 模拟试验结论

通过对设计船型靠离泊及进出口门操纵模拟试验结果的分析,得出船舶安全进出港、靠离泊的要点和注意事项如下:

1)船速控制

船舶在进港的时候,在保证船舶舵效及能克服风流的前提下,抵港速度宜尽可能早降低为好。船舶进港,以适合当时风流压和通航环境的安全航速在航道中航行,到达39号~40号浮标水域时速度控制在3kn以下,进入港池水域后速度控制在1kn以下。

船舶在出港时,在泊位附近,船舶可微速前进,保证拖轮的顶推效果,当船舶掉头完成以后,可视周围情况加速前进。

2)进出港操纵要领

(1)船舶进出港前,首先应了解航道及码头的情况。包括:风、流、波浪、水深、助航设施、泊位情况等。根据船舶自身的性能,制订船舶进出港、安排靠离泊的操作计划。

(2)模拟试验表明:吹开风(S 风向)利于船舶的靠离泊;吹拢风(N 风向和 NE 风向)影响船舶的横移速度,不利于船舶的靠离泊;E 风向影响船舶的纵向速度,操纵不当可能对 26 号泊位的船舶构成威胁;7 级以下风对船舶进出港影响较小,7 级及以上风时,船舶靠离泊风险较大。因此需根据不同的风向和风力配置拖轮马力。

(3)由于港池内流速较小,船舶靠离泊难度不大。口门附近流速的增加及方向的变化对船位的控制有较大的影响,当船舶进出口门时,应适当提高船速,根据风流的情况,控制船舶的风流压差角。

(4)船舶在转向时应利用适当的舵角提前在上风位及时转向,控制好船舶的转头速率,减小船舶横向漂移速度。

(5)30 万吨级超大型船舶舵效与普通万吨轮对比较差,轻、重载等不同情况下,能较快地调整航向,但满载时由于惯性大,反应迟钝,所以转向、避让、把定时需早用舵,用大角度舵,早回舵。

3)建议靠离泊限制条件及靠离泊方式

经研究可确定本工程建议的靠离泊限制条件和靠离泊方式,如表 5-1 所示。

靠离泊限制条件及靠离泊方式 表 5-1

序　号	项　目	建 议 值
1	风	风力 <7 级(风速 <13.9m/s)
2	吃水限制	本项目船舶吃水≤21m
3	能见度	能见度 >1000m
4	靠泊速度	30 万吨级散货船的靠泊速度 <0.08m/s,靠泊角度 <5°
5	靠泊方式	根据码头泊位的走向,结合天津港的交通组织模式和船舶的常规操纵方式,建议船舶采用左舷靠泊的方式
6	离泊方式	本项目靠泊时选用的是左舷靠泊的方式,则离泊必然选择掉头离开的方式

4)相关建议

(1)拖轮配备

根据规范计算,30万吨级散货船靠离泊所需拖轮功率为18659~31987HP,所需艘数为4~5艘。根据天津港现有拖轮配置情况及天津港引航中心的相关经验,建议设计船型进出港配备4~5艘5000HP及以上马力的拖轮。具体的拖轮配置还要由船长或引航员根据船况及当时当地的水文气象状况最终确定。

(2)工程方面

靠离泊过程中,船舶如操纵不当容易驶入南27号西侧水域而搁浅,建议加宽南27号港池水域疏浚的疏浚范围(南27号东侧加宽70m)。

5.2　桥区水域船舶操纵模拟研究案例

5.2.1　项目工程概况

1)项目位置

澳氹第四条跨海大桥起自澳门新城区填海A区东侧,与港珠澳大桥口岸人工岛连接,跨越外港航道、往内港航道,在澳门新城区填海E1区登陆,全长约3.5km。其中,跨海段长约2.827km,设置两个通航孔桥。

2)项目建设规模及平面布置

拟建大桥在工可阶段共提供两个方案开展仿真试验研究,一个为直线型桥位方案,另外一个为S形桥位方案,如图5-10~图5-13所示。

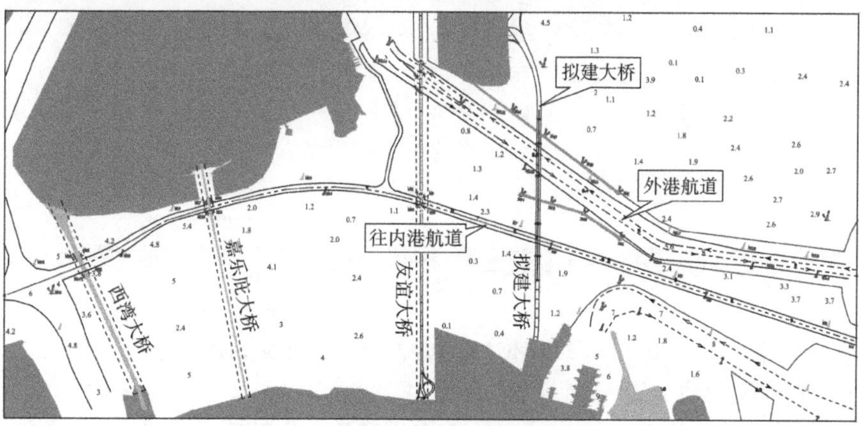

图5-10　直线型桥位方案平面布置图

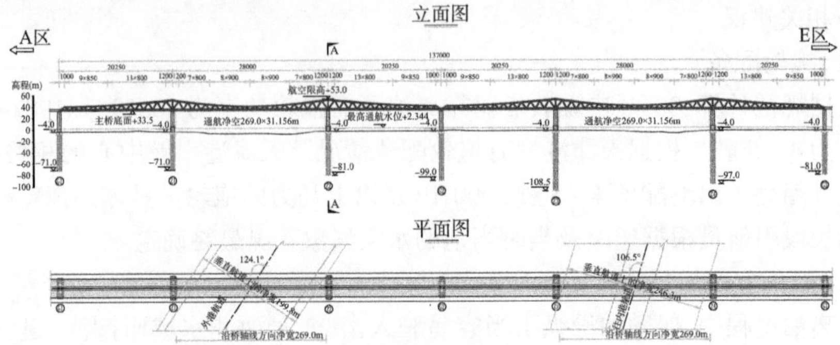

图 5-11　直线型桥位方案桥型布置图(尺寸单位:mm)

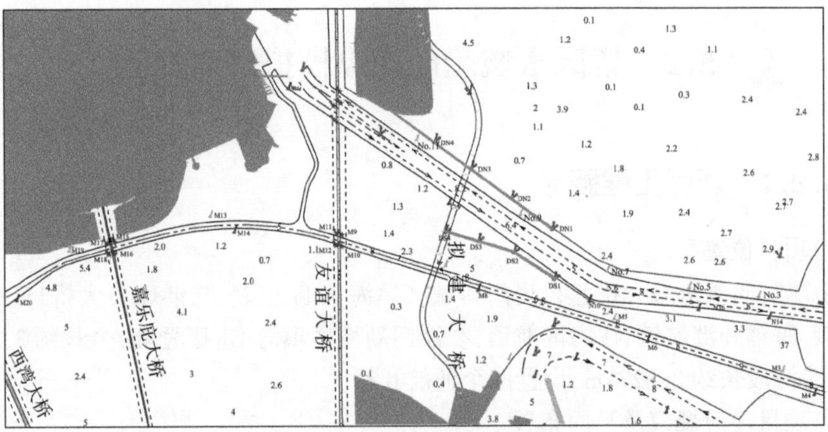

图 5-12　S 形桥位方案平面布置图

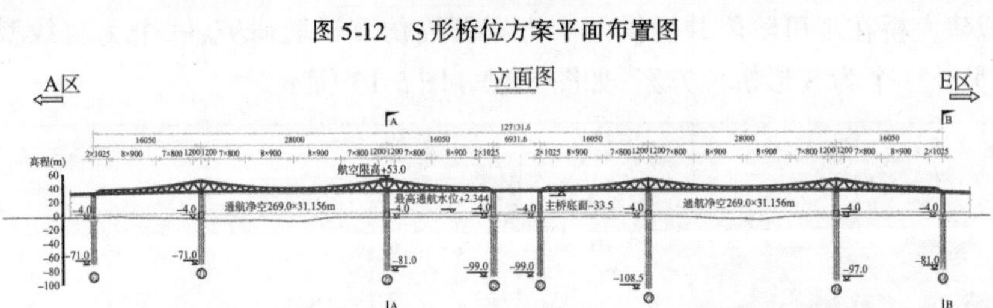

图 5-13　S 形桥位方案桥型布置图(尺寸单位:mm)

(1)直线型桥位方案

直线型桥位方案路线全长 4437m,在海中段桥位主要受外港航道、往内港航道及澳门直升机场等条件的制约。该方案路线垂线与外港航道夹角34.1°，与往内港航道夹角16.5°。拟建澳氹四桥桥轴线法线方向与外港航道的交角为34.1°，跨外港航道通航孔设置单孔双向通航，采用202.5m+280m+202.5m三跨体系。拟建澳氹四桥桥轴线法线方向与澳门水道(往内港航道)的交角为16.5°，通航孔设置单孔双向通航，采用202.5m+280m+202.5m三跨体系。

(2)S形桥位方案

S形桥位方案路线全长4664m，该路线起终点与工可直线型桥位方案相同，该方案路线垂线与外港航道夹角17.6°，与往内港航道垂直。两个航道位置通航孔布置与直线型桥位方案一致。

5.2.2 模拟试验方案设计

(1)桥型方案：依据《澳氹第四条跨海大桥工程可行性研究报告》，本次模拟试验选用两个方案，一个为直线型桥位方案，另一个为S形桥位方案。

(2)船舶因素：根据模拟试验最不利原则，往内港航道选择的试验船型为1000吨级货船、3000吨级集装箱船(依据内港航速限制12kn，试验航速控制在8~12kn)，外港航道选择的试验船型为双体船(依据外港航速限制12~35kn，本次试验航速控制在12kn)。

(3)航行环境因素：选择该地区的主导风向和对船舶影响最大的风向为试验条件，分别为ENE风、N风和SW风，风力选择为6级、7级和8级。

根据实测水文资料和数模研究成果，考虑最不利原则，最终选择两种流场，一种是中水条件的涨、落急流场，另外一种为20年一遇落急流场。

(4)试验范围：本试验旨在通过典型工况下的船舶操纵模拟仿真试验，分析船舶通过桥区水域的航迹带宽度、漂角、舵角等航行参数指标，论证桥梁布置方案是否满足船舶通航的要求。结合工程水域特点，确定本次试验范围如表5-2所示。

跨海大桥工程试验范围表 表5-2

区　域	项　目	试验范围
内港试验范围	上行试验	起点为拟建澳氹四桥下游2km，终点为已建西湾大桥上游800m
	下行试验	起点为已建西湾大桥上游800m，终点为拟建澳氹四桥下游2km
	双向航行试验	上行船舶的起点为拟建澳氹四桥下游500m，终点为已建友谊大桥上游500m，下行船舶的起点和终点与上行船舶的相反

续上表

区　域	项　目	试验范围
外港试验范围	上行试验	起点为拟建澳氹四桥下游400m，终点为已建友谊大桥上游400m
	下行试验	起点为已建友谊大桥上游400m，终点为拟建澳氹四桥下游400m
	双向航行试验	上行船舶的起点为拟建澳氹四桥下游400m，终点为已建友谊大桥上游400m，下行船舶的起点和终点与上行船舶的相反

5.2.3 模拟试验结果分析(单向航行，以3000吨级集装箱船上行试验为例)

澳氹第四条跨海大桥直线型桥位方案往内港航道上行船舶模拟试验结果及操纵风险(图5-14～图5-17)。

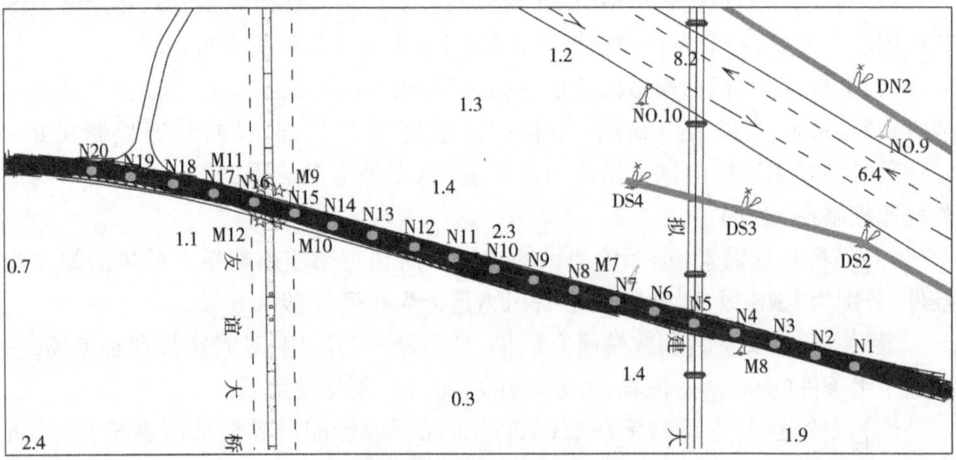

图5-14　直线型桥位方案往内港航道上行航迹汇总图

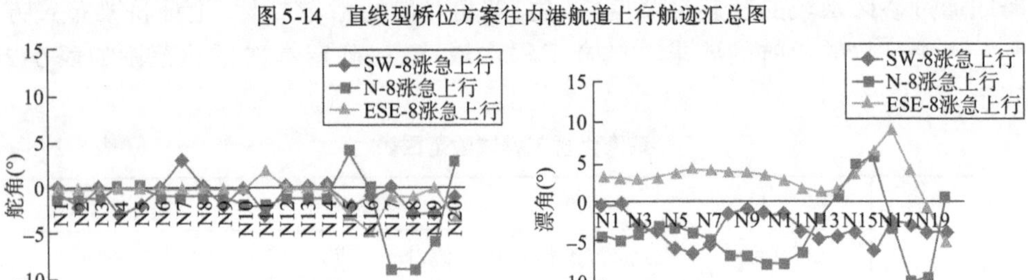

a)3000吨级集装箱船往内港航道上行中水涨急舵角变化曲线图　　b)3000吨级集装箱船往内港航道上行中水涨急漂角变化曲线图

图5-15　直线型桥位方案往内港航道中水涨急舵角、漂角变化曲线图(上行)

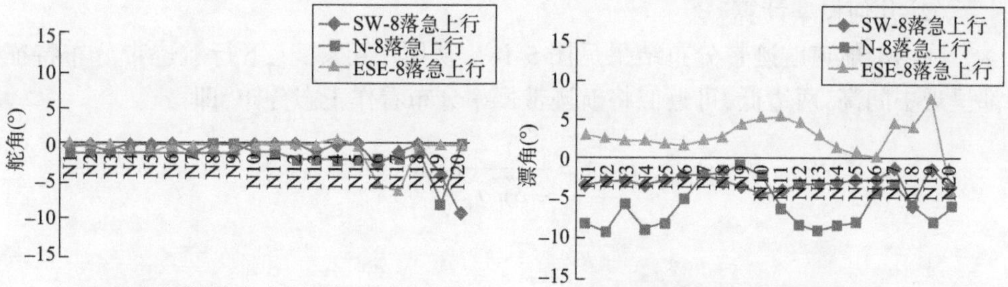

a)3000吨级集装箱船往内港航道上行中水涨急舵角变化曲线图

b)3000吨级集装箱船往内港航道上行中水涨急漂角变化曲线图

图 5-16　直线型桥位方案往内港航道中水落急舵角、漂角变化曲线图(上行)

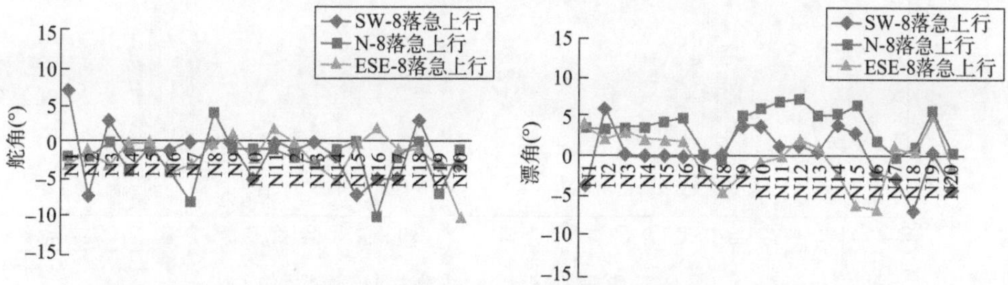

a)3000吨级集装箱船往内港航道上行20年一遇落急舵角变化曲线图

b)3000吨级集装箱船往内港航道上行20年一遇落急漂角变化曲线图

图 5-17　直线型桥位方案往内港航道 20 年一遇落急舵角、漂角变化曲线图(上行)

通过图 5-14 ~ 图 5-17 可知：

(1)在往内港航道上行过程时，船舶较容易通过澳氹四桥，桥址处航迹带宽度为 57.9m，航迹带宽度小于桥梁净空宽度，航迹带距 Z3 号、Z4 号桥墩位置较远，因此直线型桥位方案可以满足设计船型在往内港航道上行的航行要求。

(2)船舶在桥群水域航行时，各种工况下所压舵角及漂角均在 10°以内，因此，船舶上行的操纵风险较低。

5.2.4　代表船型碰撞桥梁概率分析(以 3000 吨级集装箱船为例)

(1)偏航概率计算

澳氹四桥直线线位桥梁轴线走向为 N000° ~ N180°，计算代表船型为 3000 吨级集装箱船，平行于航线水流分量最大为 1.12m/s，垂直于航线的水流分量在 0.08m/s以内，船舶交通密度属于低等。根据改进的 AASHTO 规范计算模型，可得 3000 吨级集装箱船偏航概率为：$P_A = B_R \times R_B \times R_C \times R_{XC} \times R_D = 6.63 \times 10^{-5}$。

(2)几何概率计算

往内港航道航迹带分布结果见图 5-18。从图中可知,上下行航迹带分布特征都呈现中间高,两边低,可近似将航迹带概率分布看作正态分布,即:

$$f(x)=\frac{1}{\sqrt{2\pi}\sigma_a}e^{-\frac{(x-\bar{a})^2}{2\sigma_a^2}}$$

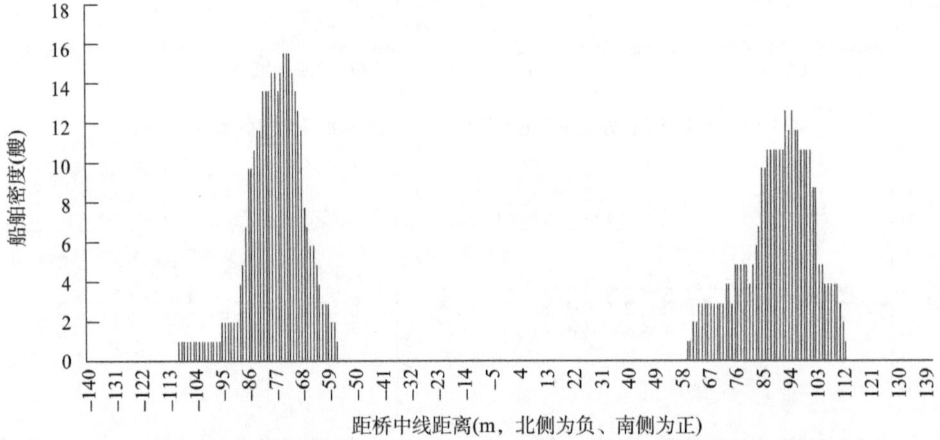

图 5-18 直线型桥位方案内港 3000 吨级集装箱船双向航行航迹带分布图

对上行、下行航迹带数据进行统计,然后求出这些离散数据的期望、均方差,把求出的期望、均方差代入上式,即完成了航迹带分布拟合。上行船舶需考虑撞击 Z3 号主桥墩,下行船舶需考虑撞击 Z4 号主桥墩。根据 AASHTO 规范,可计算得出几何碰撞概率。几何概率计算模型如图 5-19 所示。

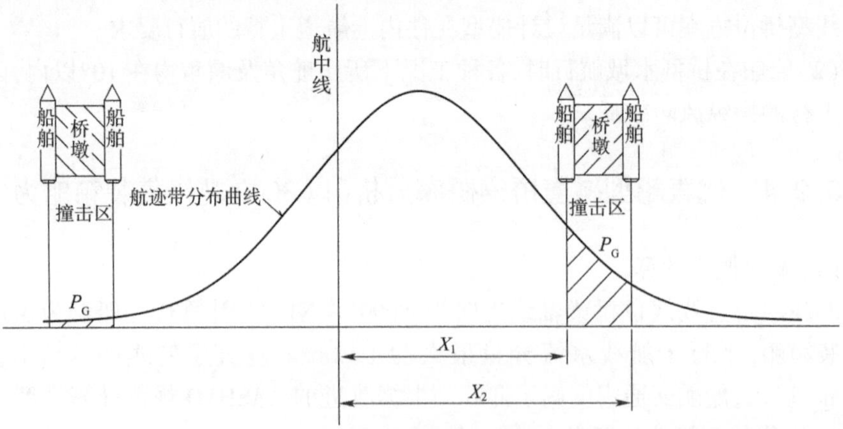

图 5-19 几何概率计算模型

(3)受船碰撞年频率计算

根据磨刀水道运量预测,2020 年和 2025 年磨刀门的预测运量分别为 6200 万 t 和 7899 万 t,按照 3000 吨级货船进行计算,船舶年度数量最大为 52660 艘次,则 3000 吨级集装箱船双向航行时澳凼四桥整体受船碰撞年频率为 7.41×10^{-5}次/年。

5.2.5　模拟试验结论

1)主要结论

(1)直线型桥位方案中,在往内港航道中航行时,1000 吨级货船航迹带垂直净宽最大为 142.5m,小于拟建桥梁的有效净空宽度(246.3m),船舶在桥区水域航行时所压舵角及漂角均在 10°以内,且船舶能顺利通过桥群水域,因此直线型桥位方案可以满足设计船型安全通过内港的要求。

(2)直线型桥位方案中,在往内港航道中航行时,3000 吨级集装箱船航迹带垂直净宽最大为 200.1m,小于拟建桥梁的有效净空宽度(246.3m),船舶在桥区水域航行时所压舵角及漂角均在 10°以内,且船舶能顺利通过桥群水域,因此直线型桥位方案可以满足设计船型安全通过内港的要求。

(3)直线型桥位方案中,在外港航道中航行时,双体船航迹带宽度垂直净宽最大为 153.9m,小于拟建桥梁的有效净空宽度(199.8m),船舶在桥区水域航行时所压舵角及漂角均在 15°以内,且船舶能顺利通过桥群水域,因此直线型桥位方案可以满足设计船型安全通过外港的要求。

(4)S 形桥位方案中,在往内港航道中航行时,1000 吨级货船航迹带宽度最大为 125.1m,小于澳凼四桥桥梁的有效净空宽度(269m),无论上行、下行还是双向航行,船舶在桥群水域所压舵角及漂角均在 15°以内。但在两桥之间需压一定的舵角及漂角,且存在两桥与航道夹角差别较大的问题。

(5)S 形桥位方案中,在往内港航道中航行时,3000 吨级集装箱船航迹带宽度最大为 179.7m,小于澳凼四桥桥梁的有效净空宽度(269m),船舶在桥区水域所压舵角及漂角均在 15°以内,但在两桥之间需压一定的舵角及漂角,且存在两桥与航道夹角差别较大的问题。

(6)S 形桥位方案中,在外港航道中航行时,航迹带宽度垂直净宽最大为 140.4m,小于澳凼四桥桥梁的有效净空宽度(244m),船舶在桥区水域所压舵角及漂角均在 15°以内,且船舶能顺利通过桥群水域,因此 S 形桥位方案可以满足设计船型安全通过外港的要求。

(7)根据桥区仿真模拟试验结果分析可知,无论是在内港还是外港航道桥区水域，航迹带宽度距离两侧桥墩的位置最近，产生的碰撞风险也最大，因此以下主要对双向航行中的上、下行船舶触碰桥墩的概率进行计算。

①直线型桥位方案中，内港双向航行时澳氹四桥整体受1000吨级货船碰撞年频率为1.14×10^{-5}次，内港双向航行时澳氹四桥整体受3000吨级集装箱船碰撞年频率为7.41×10^{-5}次，外港双向航行时澳氹四桥整体受双体船碰撞年频率为1.24×10^{-10}次。

②S形桥位方案中，内港双向航行时澳氹四桥整体受1000吨级货船碰撞年频率为2.52×10^{-6}次，内港双向航行时澳氹四桥整体受3000吨级集装箱船碰撞年频率为9.03×10^{-6}次，外港双向航行时澳氹四桥整体受双体船碰撞年频率为4.52×10^{-12}次。

2)建议

(1)直线型桥位方案和S形桥位方案中，桥梁通航净宽均大于模拟试验中航迹带宽度，满足设计船型安全通过桥区的要求；S形桥位方案碰撞概率略优于直线形桥位方案；在往内港航道中航行时，由于与友谊桥距离更近，且角度差异较大，需压一定的舵角及漂角。从驾驶角度考虑，直线形桥位方案更利于通航安全。

(2)为保障船舶在往内港航道的通航安全，建议禁止船舶在澳氹四桥桥区水域进行追越，避免船舶在桥位附近进行交汇。

(3)根据相关规划，往内港航道规划通航等级为3000吨级货船，但规划航道相关尺度因素尚不明确，为保障澳氹四桥桥区通航安全，需进行桥区航道相关规划研究工作。

(4)为保障桥梁及船舶的通航安全，往内港航道及外港航道通航孔的桥墩应设置安全可靠的防撞设施。

5.3 船闸工程船舶操纵模拟研究案例

5.3.1 项目工程概况

1)项目位置

浯溪枢纽一线船闸位于闸坝的右侧，其通航等级为Ⅳ级，按500吨级通航标准设计。拟建的浯溪枢纽二线船闸位于闸坝右岸，与一线船闸并排布置(图5-20)。浯溪枢纽二线船闸等级为Ⅲ-(3)级，按通航1000吨级船舶标准设计。船闸有效尺度为 180m×23m×3.5m(长×宽×门槛水深),通航净高为 10m。船闸的最大设计水头为 13.7m。

图 5-20 现有浯溪枢纽布置图

2)项目建设规模及平面布置

(1)上游设计方案

如图 5-21 所示,二线船闸位于一线船闸的外侧,设计方案上游导航墙段长 140m,停泊段(靠船墩)长 175m,上游停泊段宽 55m,新建隔水墙总长为 303m,外航道宽度为 60m。

(2)下游设计方案

如图 5-22 所示,二线船闸位于一线船闸的外侧,设计方案下游导航墙段长 140m,停泊段(靠船墩)长 175m,同时停靠两列船舶(或 2 排 2 列货船),下游停泊段宽 55m,制动段为曲线段,曲率半径为 480m。新建隔水堤总长为 295m,端部设了 3 个导流墩。新建船闸与改建的一线船闸停泊段共用引航道,外航道宽度为 75m。

(3)下游优化方案

如图 5-23 所示,优化方案下游导航墙段长 140m,停泊段(靠船墩)长 175m,同时停靠两列船舶(或 2 排 2 列货船),下游停泊段宽 55m,制动段为曲线段,曲率半径为 480m。新建隔水堤总长为 190m,端部设了 5 个导流墩。新建船闸与改建的一线船闸停泊段共用引航道,外航道宽度为 75m。

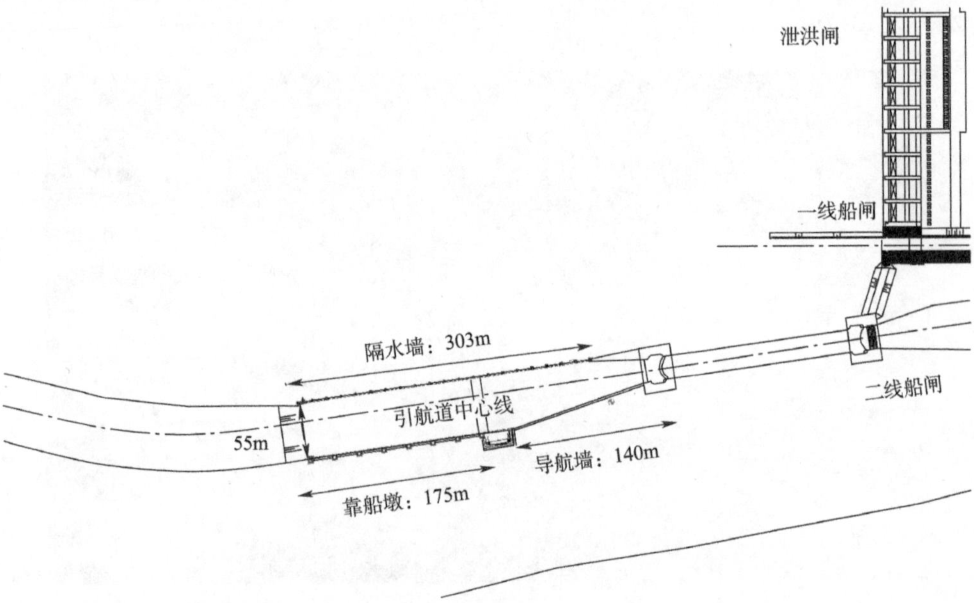

图 5-21　二线船闸设计方案上游布置图

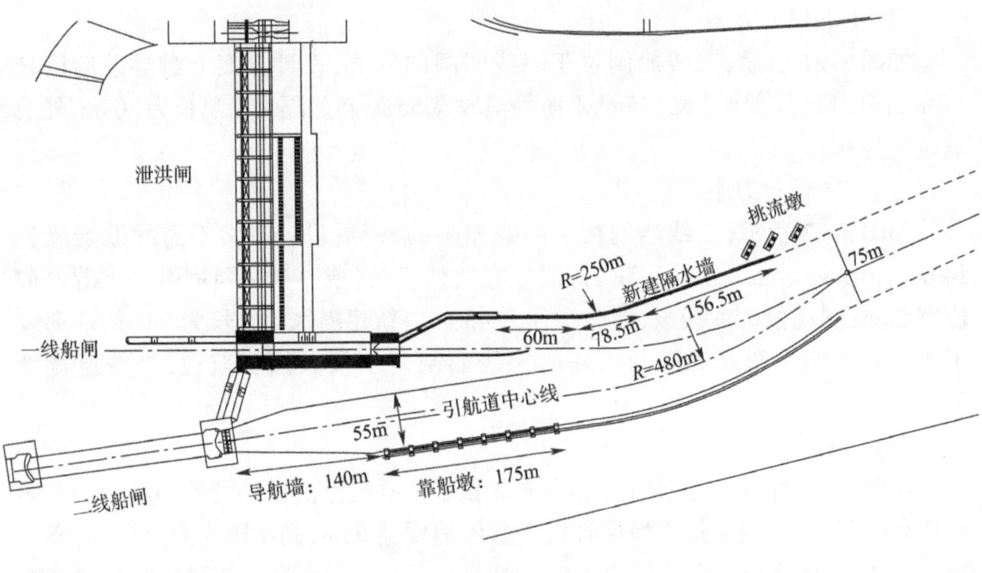

图 5-22　二线船闸设计方案下游布置图

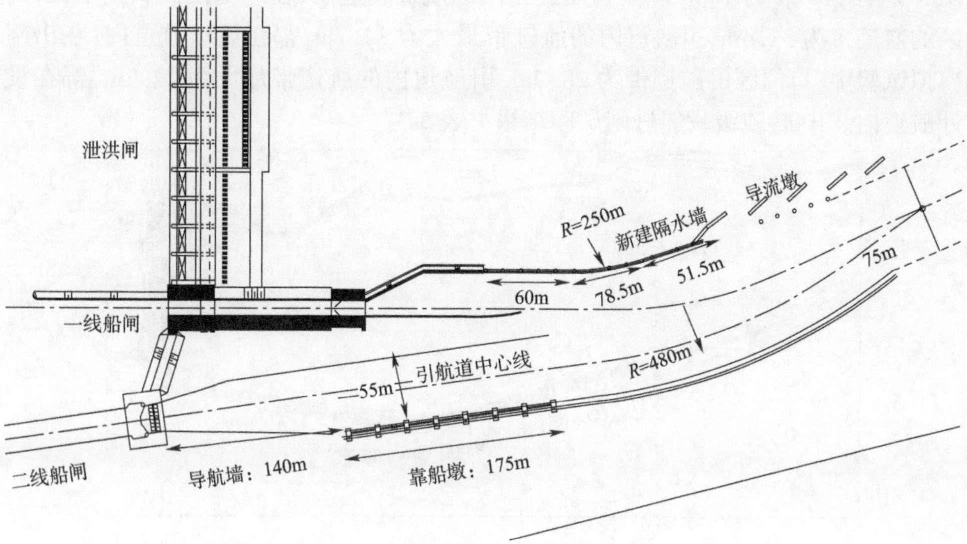

图 5-23　二线船闸优化方案下游布置图

5.3.2　模拟试验方案设计

(1)模拟试验水域

上游试验范围(上游以引航道口门区、连接段及其与上游相连的弯曲河段为主要试验区);下游试验范围(下游以引航道口门区、连接段及其与下游相连的弯曲河段为主要试验区)。

(2)船舶因素

选择工程设计代表船型 1000 吨级船舶为研究对象,其主尺度为 85m × 10.8m × 2.0m (长 × 宽 × 满载吃水)。

(3)模拟试验方案

结合水库调度运行方式和浯溪枢纽实测坝上、坝下水位流量关系,选择 5 种代表性的工况,研究浯溪二线船闸的通航条件。上、下游试验流量级分别为 1160、6000、7550、9980 和 11730m^3/s。

5.3.3　模拟试验结果分析(以上游设计方案为例)

由上游各组模拟试验结果可知,各种流量情况下,船舶均能进入和驶出船闸。

图 5-24、图 5-25 为 1000 吨级货船进出闸的航迹轨迹图，在进闸模拟试验中，口门区的航迹带为 31.4m，引航道内的航迹带最大为 34.7m，都在设计航道内；在出闸模拟试验中，口门区的航迹带为 28.7m，引航道内的航迹带最大为 22.7m，都在设计航道内。1000 吨级货船进闸试验结果见表 5-3。

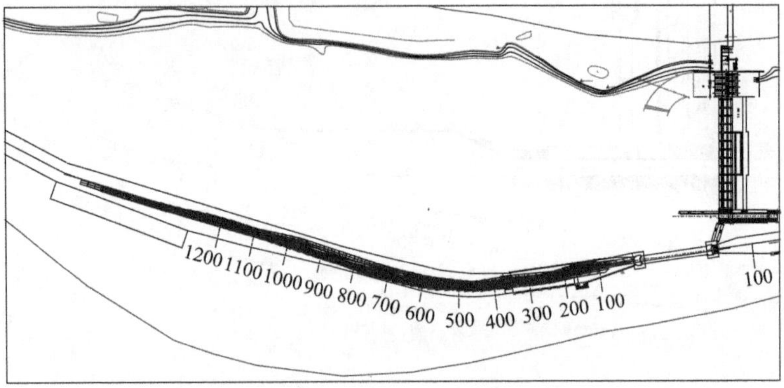

图 5-24　设计方案上游进闸航行轨迹图

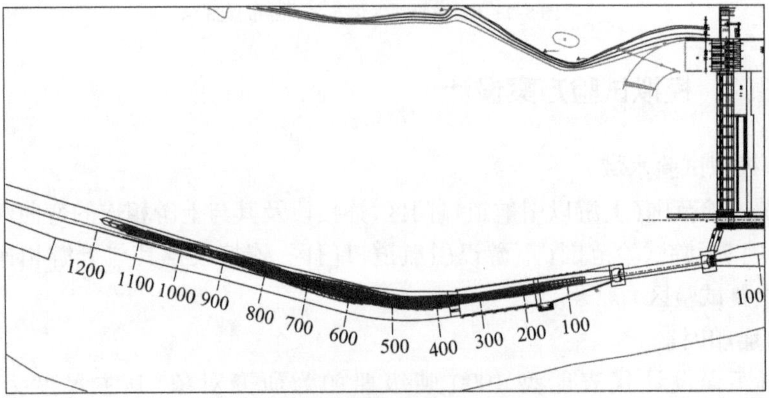

图 5-25　设计方案上游出闸航行轨迹图

1000 吨级货船进闸试验结果　　表 5-3

序　号	设 计 船 型	流场(m^3/s)	试 验 结 果	
1	1000 吨级货船	1160	顺利进入船闸	顺利驶出船闸
2	1000 吨级货船	6000	顺利进入船闸	顺利驶出船闸
3	1000 吨级货船	7550	顺利进入船闸	顺利驶出船闸
4	1000 吨级货船	9980	顺利进入船闸	顺利驶出船闸
5	1000 吨级货船	11730	顺利进入船闸	顺利驶出船闸

船舶进闸过程中，各级流量情况下，航道内水流条件很好，船舶只需用约 10°以内舵角即可安全航行；船舶在口门区及引航道内航行时，所压舵角小于 20°，漂角均小于 10°。

船舶出闸过程中，各级流量情况下，船舶在口门区及引航道内航行时，所压舵角小于 20°，漂角均小于 10°。航道内水流条件很好，船舶只需用约 10°以内舵角即可安全航行。1000 吨级货船上游进、出闸各种工况下横移速度、舵角、漂角变化曲线如图 5-26 ~ 图 5-28 所示。

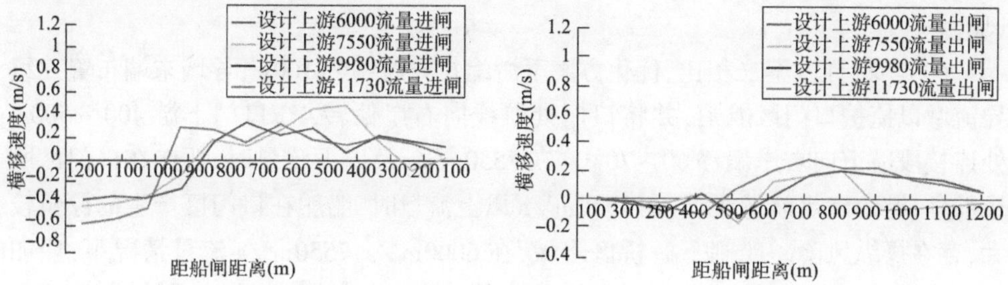

a)进闸 b)出闸

图 5-26 1000 吨级货船上游进、出闸各种工况下横移速度变化曲线图

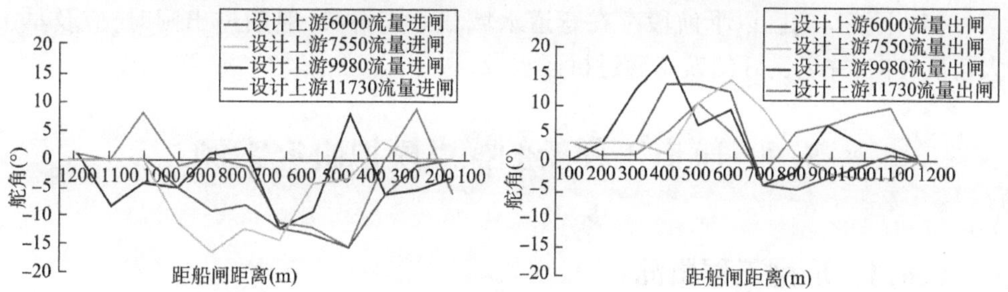

a)进闸 b)出闸

图 5-27 1000 吨级货船上游进、出闸各种工况下舵角变化曲线图

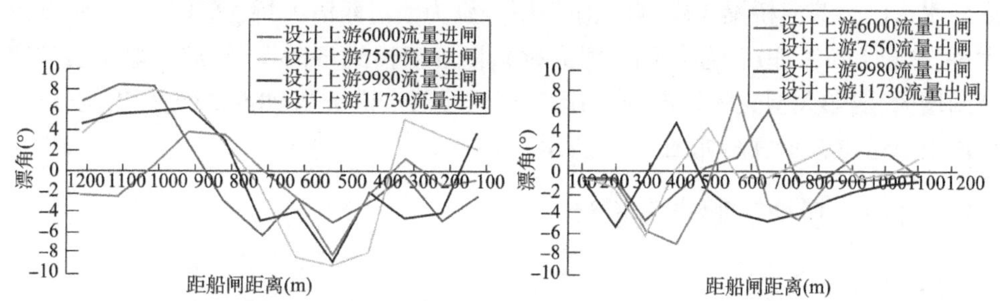

a)进闸 b)出闸

图 5-28 1000 吨级货船上游进、出闸各种工况下漂角变化曲线图

5.3.4 模拟试验结论

(1)与设计方案一相比,设计方案二船闸闸室及其上、下游口门区均沿船闸中心轴线向上游移动100m。船闸上游口门区位于库区相对顺直河段,水流相对平顺。与设计方案一相比,通航水流条件变化不大,亦能满足船舶航行要求。

(2)设计方案二船闸下游,在7550m^3/s及以下流量时,船舶基本可以通过口门水域进出船闸;在7550m^3/s以上流量时,船舶在口门区产生的漂角较大,存在操纵风险。

(3)与设计方案二相比,优化方案下游缩短导航墙约100m,导墙末端布置三组导流墩以掩护口门区航道,并将口门处航线向右岸偏转4°,口门下游400~500m处连接段航道向右岸偏移60~70m。在7550m^3/s及以下流量时,船舶在口门区所压舵角、漂角满足航行要求;在7550m^3/s以上流量时,船舶在口门区产生的漂角较大,存在操纵风险。船闸下游桥区水域,在6000m^3/s、7550m^3/s流量情况下,船舶航行时横移速度相对较大,存在一定操纵风险;在7550m^3/s以上流量情况下,船舶不能以较好的姿态通过桥区水域,船舶航行存在较大的风险。

(4)下游口门区以下航段存在弯道水域和一座桥梁,船舶进出闸时,应及早、大角度转向,并以良好的航态通过桥区水域。

5.4 航道工程船舶操纵模拟研究案例

5.4.1 项目工程概况

澳门水道往内港航道通航等级为1000吨级,航道宽60m,维护水深为3.5m,澳门水道已建跨河桥梁3座,自上游向下分别为澳门西湾大桥、嘉乐庇大桥和友谊大桥,拟建大桥1座(澳氹第四跨海大桥),随着澳门经济的发展,港区船舶通航密度的增大、船舶大型化的发展,澳门政府拟对澳门水道按2000吨级进行扩能升级。往内港航道位置示意图如图5-29所示。

5.4.2 模拟试验方案设计

(1)船型选择

根据工程建设要求,往内港航道选择的试验船型为1000吨级货船、2000吨级货船(依据内港航速限制12kn,试验航速控制在12kn以下)。

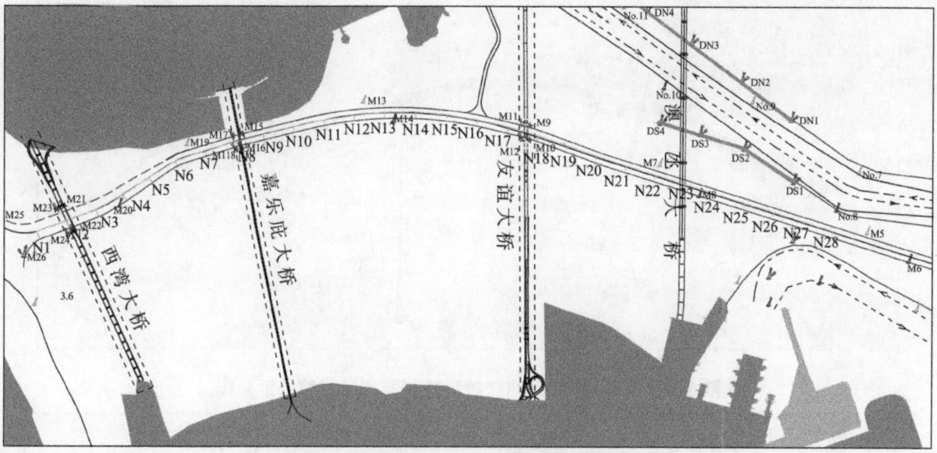

图 5-29 往内港航道位置示意图

(2)流场的选择

根据实测水文资料和数模研究成果,选择两种流场,一种是中水条件的涨、落急流场,另外一种为20年一遇落急流场。

(3)风场选择

选择该地区的主导风向和对船舶影响最大的风向为试验条件,分别为ENE风、N风和SW风,风力选择为6级、7级。

5.4.3 模拟试验结果分析(以2000吨级双向航行模拟试验为例)

对于双向航行,主要考虑上、下行船舶航迹带与航道位置的相互关系,为此,对上行、下行航迹带宽度、距两侧航道边界的距离、航迹带重叠宽度进行了统计,如图5-30~图5-33所示。从航迹图及航迹数据分析可知,上下行船舶在N5~N6、N13~N16航段航行时出现偏出航道的状况,上下行船舶在N4~N9航段航行时,航迹重叠部分宽度较大且变化幅度大,综合分析可知,船舶在西湾大桥至嘉乐庇大桥航段双向航行时存在一定风险。

各种工况条件下,当风力在7级及以下时,上下行船舶在2000吨级航道内航行时所压舵角基本都在20°以内,漂角基本在10°以内(N18~N19略大于10°),航道升级方案(航道尺度:3.9m×70m×364m,航道水深×航道宽度×最小弯曲半径)基本可以满足2000吨级货船双向航行的要求。

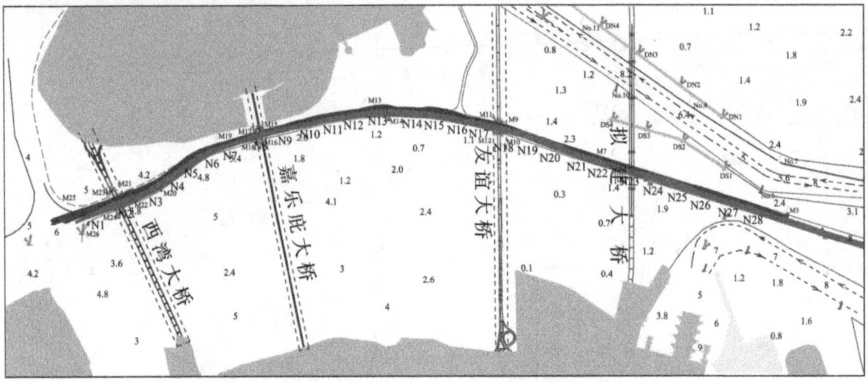

图 5-30　往内港航道 2000 吨级货船双向航行航迹汇总图

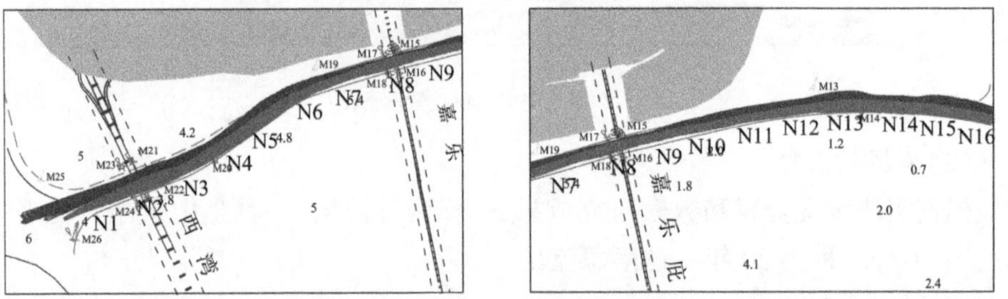

图 5-31　往内港航道 2000 吨级货船双向航行航迹图(N1 ~ N9,N9 ~ N15)

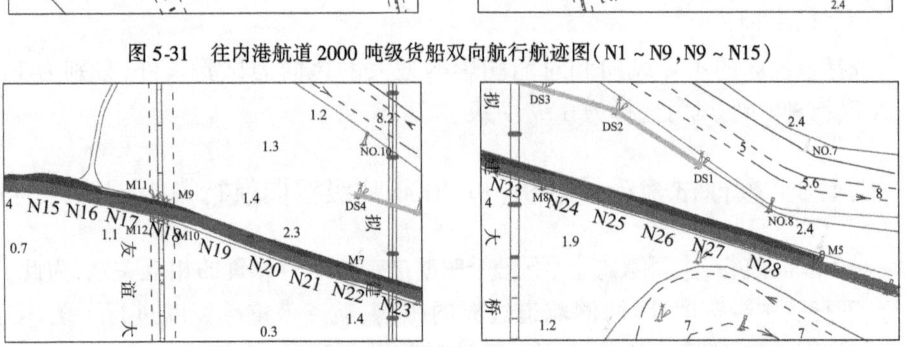

图 5-32　往内港航道 2000 吨级货船双向航行航迹图(N15 ~ N23,N23 ~ N28)

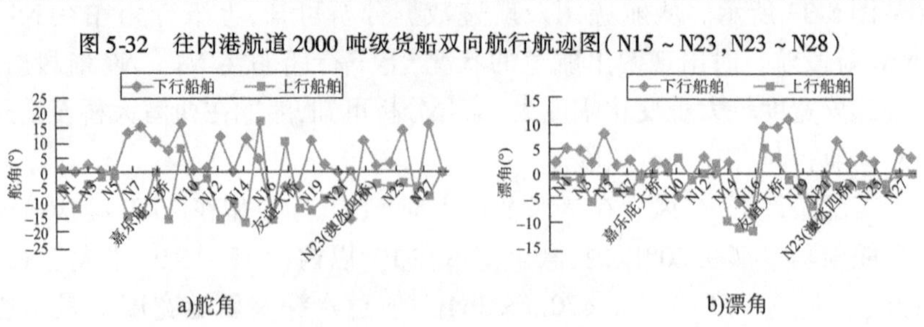

a)舵角　　b)漂角

图 5-33　2000 吨级货船 N7 中水流量落急双向航行舵角、漂角变化曲线图

5.4.4　通航风险分析及安全保障措施

1）事故船型分析

根据澳门海事及水务局提供的碰撞事故统计资料，约38%的事故船型船长在60～70m之间，31%的事故船型船长在70～80m之间，载重吨在1000吨及以上的船舶碰撞事故占比为77%。

2）事故地点分析

根据澳门海事及水务局提供的碰撞事故统计资料，从碰撞事故地理分布可知，碰撞事故多发生在西湾大桥及嘉乐庇大桥组成的两桥水域。

3）航道通航风险

（1）根据模拟试验结果分析可知，在不利风流条件下，船舶在N5～N16航段航行时存在偏出航道搁浅的风险。

（2）根据模拟试验结果分析可知，船舶在N4～N9航段航行时，航迹重叠部分宽度较大，双向航行时存在一定风险。

（3）根据模拟试验结果分析可知，船舶在友谊大桥、嘉乐庇大桥桥区水域航行时与桥墩或防撞设施距离较近，存在碰撞风险。

4）安全保障措施

（1）进出港作业限制条件

本研究选取1000吨级、2000吨级货船进行仿真试验，并结合港区的相关管理规定，建议作业限制条件如下：

①风速<7级；

②航速≤12kn；

③能见度≥1000m；

④通航管理条件满足要求。

（2）危险区的划定

在考虑事故风险、船舶操纵模拟试验结果等因素的影响下，将N4～N9（嘉乐庇大桥上游840m～下游200m）航段设置为危险区，船舶在西湾大桥、友谊大桥桥区水域航行时也应予以注意。建议危险区如图5-34所示。

（3）避让等候区的划定

根据上述分析可知，在考虑桥区水域、危险区域、嘉乐庇大桥警报区域的影响范围后，将航道内N3～N4（西湾大桥下游200～400m）、N13～N15（嘉乐庇大桥下游1000～1400m）设置为避让等候区（图5-35）。

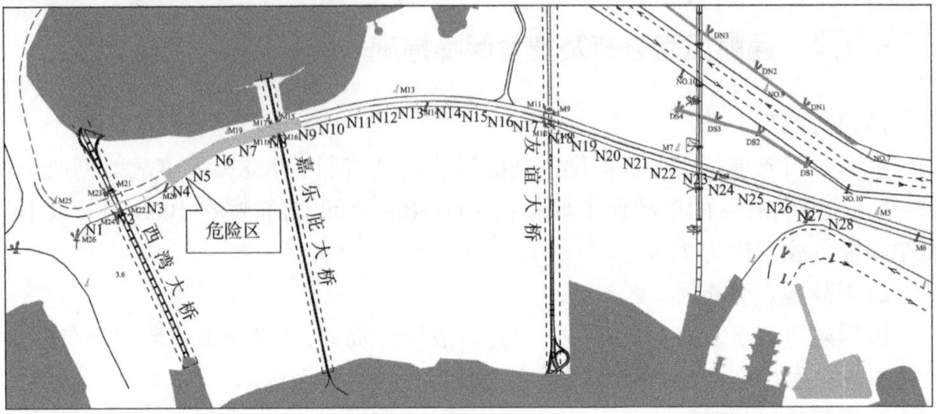

图 5-34　建议危险区

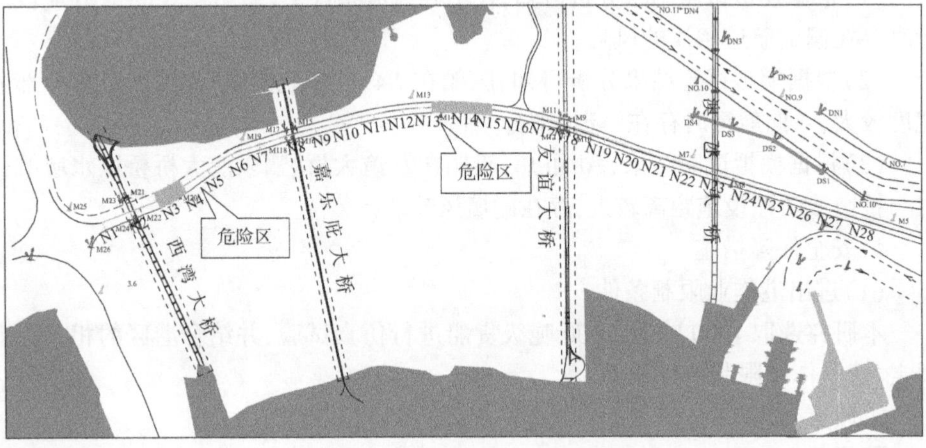

图 5-35　建议船舶避让等候区

5.4.5 模拟试验结论

本项目以数据统计、风险分析、船舶操纵模拟试验为手段，评价了航道升级方案的合理性及安全性，分析其通航风险，提出相关保障措施和建议。

(1)论述了澳门水道通航环境特点，找出了进出港的通航风险关键点，主要包括：风、流、能见度、交通流、交通事故、航道宽度、水深等。

(2)利用船舶操纵模拟器进行了进出港模拟试验，试验结果表明，航道升级方案基本可以满足设计船型航行的要求，但在 N5 ~ N16 航段航行时存在偏出航道风险，建议对该水域进行局部加宽。

(3)核实了设计方案航道宽度及水深，根据规范核算，航道设计方案仅满足设计船型单向通航的要求。平均海平面情况下，现有2000吨级航道方案基本可以满足设计船型满载航行要求，若考虑最低通航水位，航道设计水深应在5.15m以上。

(4)从航道事故风险的角度提出了风险区域，主要为N4～N9(嘉乐庇大桥上游840m～下游200m)组成的航道水域。

(5)提出了进出港限制条件，在风力<7级、能见度≥1000m的条件下，2000吨级及以下船舶基本可以安全进出澳门水道。

(6)在考虑航道事故风险及船舶操纵模拟试验结果等因素的影响下，建议将N3～N4(西湾大桥下游200～400m)、N13～N15(嘉乐庇大桥下游1000～1400m)设置为避让等候区。

(7)避让等候区应增设导助航设施，建议开展航道升级方案航标配布专题研究。

5.5 LNG码头工程船舶操纵模拟研究案例

5.5.1 项目工程概况

(1)项目位置

北京燃气LNG项目位于天津港大港港区东港池北侧，东侧522m处为已建的中石化LNG项目。应急锚地位置如图5-36所示。

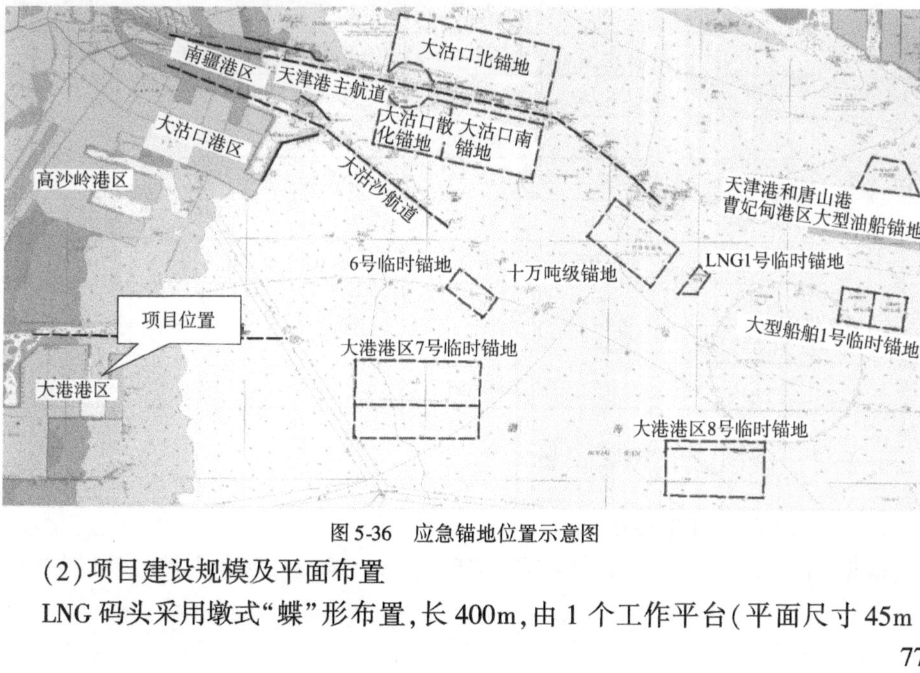

图5-36 应急锚地位置示意图

(2)项目建设规模及平面布置

LNG码头采用墩式“蝶”形布置，长400m，由1个工作平台(平面尺寸45m×

28m)、4 个靠船墩(平面尺寸 15m×15m)和 6 个系缆墩(平面尺寸 11m×11m)组成,通过长 92m 栈桥与陆域衔接,栈桥宽度为 15m。码头泊位长度为 455m,宽度为 150m,底高程为 -14.6m。

LNG 码头港池回旋水域直径为 864m,为 2.5 倍设计最大船长,回旋水域需占用东港池支航道,支航道宽度为 300m,底高程为 -14.6m。港池设计底高程为 -14.6m,与码头前沿一致。现有主航道转向点前至港池水域转弯半径取为 1725m,为 5 倍 26.6 万 m^3 LNG 船长。

工作船码头位于 LNG 码头南侧,岸线长度 115m。栈桥长 82m、宽 15m。码头面顶高程 +6.0m。港池回旋水域直径为 150m,码头前沿底高程、港池底高程均为 -7.0m,工作船泊位与 LNG 泊位同时靠船时的船舶间距为 150m。

(3)工程设计代表船型

本工程为专业化 LNG 泊位,泊位等级按照最大靠泊 26.6 万 m^3 的 LNG 船进行设计,最小兼顾 10000m^3 的 LNG 船,本项目设计船型主尺度如表 5-4 所示。

设计船型主尺度 表 5-4

船型		船型尺度(m)				备注
		船长 L	船宽 B	型深 H	满载吃水 T	
LNG 码头	1 万 m^3	125.1	22.4	9.2	4.1	兼顾船型
	2 万 m^3	130	25.7	16.6	6.8	兼顾船型
	3 万 m^3	184.7	28.1	18.7	7.6	兼顾船型
	8 万 m^3	239.0	40.0	26.8	11.0	
	13.8 万 m^3	278.85	42.6	26.0	12.0	
	14.5 万 m^3	292	43.35	26.25	11.45	
	15 万 m^3	289.6	43.35	26.25	11.45	
	17 万 m^3	291.07	46.0	26.0	11.9	
	21.7 万 m^3	315	50.0	27.0	12.0	
	24.3 万 m^3	335	50.0	27.0	12.0	
	26.6 万 m^3	345	53.80	27.0	12.2	Q-MAX

5.5.2 模拟试验方案设计

(1)液化天然气作业标准

根据《液化天然气码头设计规范》(JTS 165-5—2016),液化天然气船舶作业标准如下:

①船舶进出港航道航行限制条件：风速≤20m/s；横浪 $H_{4\%}$ ≤2.0m、顺浪 $H_{4\%}$ ≤3.0m、雾能见度≥2000m；横流 <1.5m/s、顺流≤2.5m/s。

②船舶靠泊限制条件：风速≤15m/s；横浪 $H_{4\%}$ ≤1.2m、顺浪 $H_{4\%}$ ≤1.5m、雾能见度≥1000m；横流 <0.5m/s、顺流 <1.0m/s。

(2)模拟试验环境设置

①风的选取：根据天津塘沽海洋站的资料统计，常风向为 NNW 向，强风向为 E 向，码头走向为 000°~180°。试验选择最常见的、对操船影响较大的风向：强风向 E 向(090°)，吹拢风 W 风(270°)、NE 风(045°)、NNW 风(337.5°)、S(180°)，风力选取为蒲氏 6 级、7 级和 8 级。

②流速、流向的选择：根据本项目通航水流数学模型计算的流场。涨落急时刻航道内流速不大于 0.5m/s，东港池支航道沿线涨急流速小于 0.4m/s，落急流速小于 0.3m/s，调头圆水域流速基本小于 0.1m/s。试验选取涨急和落急时刻的流场，如图 5-37、图 5-38 所示。

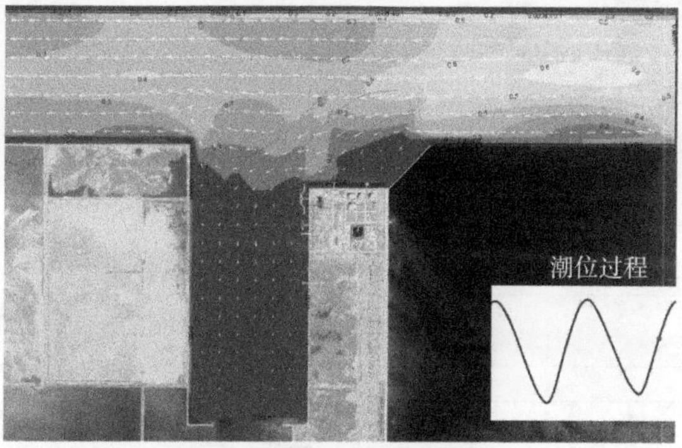

图 5-37　大潮涨急时刻流场图

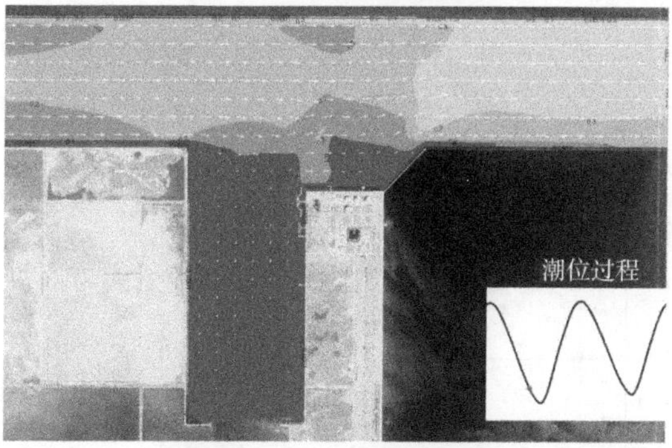

图 5-38　大潮落急时刻流场图

5.5.3 模拟试验结果分析

根据模拟操纵试验的结果，综合考虑附近水域风流等自然条件的影响，选取出现频率较高且对船舶操纵影响较大的风流组合，展开靠离泊的模拟试验，其中典型工况下的船舶运动轨迹图如图 5-39 ~ 图 5-41 所示。

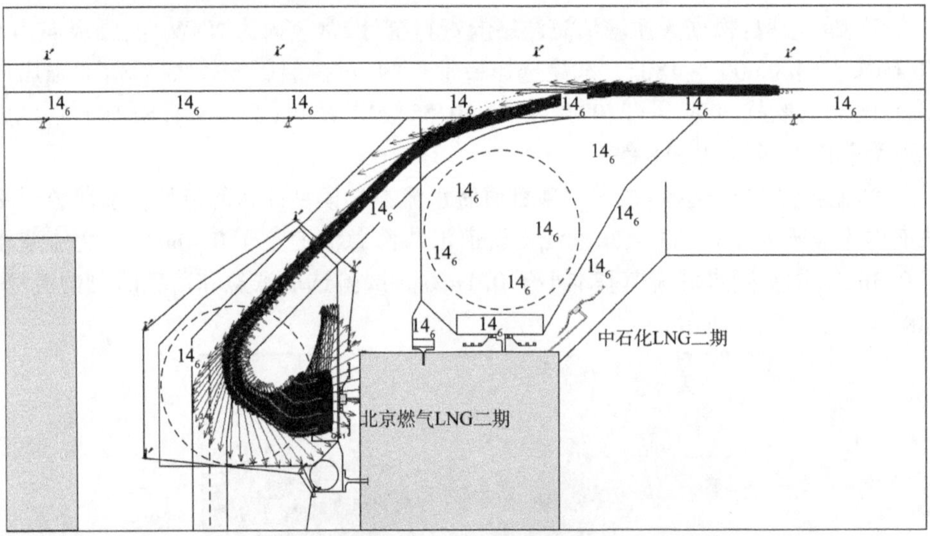

图 5-39　Q-MAX 液化天然气船 NE-6 涨潮进港靠泊轨迹图

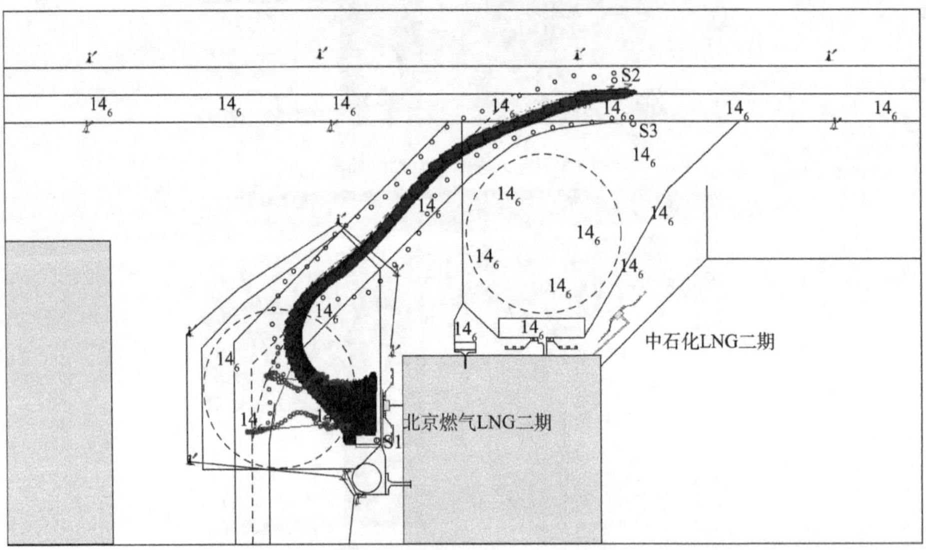

图 5-40　Q-MAX 液化天然气船 W-6 落潮离泊出港轨迹图

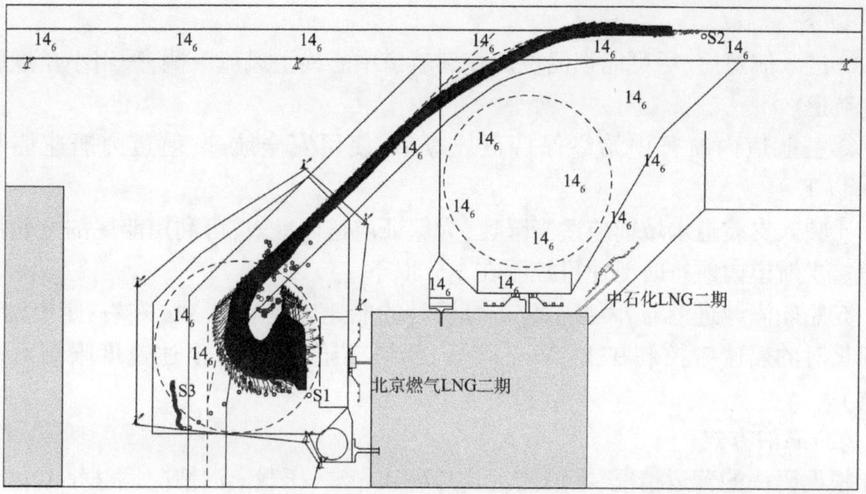

图5-41 Q-MAX液化天然气船NNW-6涨潮靠泊(支航道内主机失灵后修复)轨迹图

5.5.4 模拟试验结论

1)船舶进出港作业条件

(1)航道航行条件

本工程以Q-MAX船型在下列条件下在航道内安全航行:

①在风力≤6级(12.5m/s);②4艘拖轮护航;③航道航行应在白天进行;④能见度≥2000m;⑤外部通航管理条件满足规范要求。液化天然气船舶在进出港航道航行时,应实行交通管制并配备护航船舶。当液化天然气船舶在进出港航道航行时,除护航船舶外,其前后各1海里范围内不得有其他船舶航行。

(2)靠离泊作业条件

模拟试验结果表明,本工程Q-MAX船型在下列条件下能够安全完成靠泊:①风力≤6级(12.5m/s);②靠离泊应在白天进行;③能见度≥1000m;④靠泊速度:横向靠泊速度<0.10m/s,靠泊角度<5°;⑤外部通航管理条件满足规范要求。

(3)拖轮的配备

Q-MAX船型,在风力≤6级、涨落潮的情况下,靠离泊时至少需用4艘拖轮协助:3艘5000HP及以上(前进系柱拖力62t、后退系柱拖力58t),1艘4000HP及以上(前进系柱拖力50t、后退系柱拖力45t)。

2)操纵要领

(1)航速的控制

①船舶从临港LNG应急锚地向南港航道口门灯浮标位置航行,航速控制在

10kn 以下。

②进入航道后，尽可能把船位调整到航道中心线上风流一侧，采用小角度驶入南港航道。

③主航道内航行中始终保持正规瞭望，使用安全航速，航道内船速控制在10kn 以下。

④驶入支航道水域前应适当降速，为保证航道内舵效，可利用船尾的拖轮协助降速。支航道内航行时船速可控制在 5kn 以下。

⑤船舶满载进港时，距离泊位 1 海里时的船速应控制在 3kn 左右；距离泊位 1 倍船长时的船速应控制在 1 ~ 2kn 以下（船尾有限速拖轮，上述速度限制可适当放宽）。

（2）靠泊方式

根据码头的营运情况，本泊位主要是满载靠泊、压载离泊情况，根据《液化天然气码头设计规范》（JTS 165-5—2016），海港液化天然气船舶停靠码头时船首宜朝向有利于船舶紧急离开码头的方向。本工程码头船舶选择右舷靠泊。

（3）进港靠泊操纵

船舶在航道中航行时，应根据横流情况配备合理的流压差角，并适当抢占上流位置，为减小风的影响，需在船尾配置一艘拖轮，必要时进行降速。

船舶抵达回旋水域时，控制船速在 2kn 以下，并开始实施调头操纵。掉头过程中，应注意控制船舶的前冲和后缩，利用拖轮控制船舶的横向漂移（LNG 船舶受风面积较大，风致漂移显著），尽可能利用拖轮向上风用力，掉头过程中尽可能使船舶抢占上风，保持船舶在回旋水域内安全完成掉头操纵。

船舶掉头结束后，利用拖轮协助，使船舶缓慢地靠向码头。在船舶接近停泊水域时，应提前将船拉平，贴靠码头时，以平行靠泊为宜。

（4）离泊出港操纵

离泊出港时，利用拖轮平行出泊，然后使船舶开首，右舷受风，在拖轮的作用下，使船舶离开码头，离泊过程中注意利用车、舵及拖轮控制船舶的前冲、后缩，保持与码头的安全距离。

当船舶离开泊位 0.5 倍船长以上时，逐步加车驶入港池水域，在港池水域转向时拖轮应尽可能向上风向用力，使船舶抢占上风位置，转向完成后驶入支航道。在支航道中航行时，预配足够的风流压差，使船舶行驶在航道中心附近。

3）相关的建议

（1）船舶进出航道前，首先应该了解航道的情况。包括：风、潮汐、水深、助航航标志等。以确定船舶进出航道的风流压差、保持船位和导航方法等，根据船舶自身的性能及浮态，制订船舶进出港、安全靠离泊的操作计划。

(2)船舶在航道航行时，应根据当时的风浪情况，保持一定的航速，减小风流压差。当风力较强时，尽可能选择缓流且风作用相对较弱的时机进出港。

(3)一个完善的靠离泊操作指南是保证安全的前提，在码头投入使用前，制定本工程码头操作指南，严格按照规范和指南操作。

(4)在应用本报告结论时，应充分考虑操船当时的实际气象和水文情况，并充分注意船舶操纵模拟器模拟结果与实际情况的差异和局限性。

(5)由于LNG船尺度大、受风面积大，进出港及靠离泊时存在一定的通航风险，还需注意：①严格按照限制条件靠离泊；②合理利用车、舵以保证靠离泊的安全；③合理控制船速；④配置足够马力的拖轮；⑤注意附近浮标的位置。

5.6 碰撞事故仿真模拟研究案例

5.6.1 项目工程概况

近几年，某港区X号泊位接连发生多起碰撞事故，对水上安全及码头生产造成一定影响。为减少和预防该海域海上碰撞事故发生，防止事故灾害扩大造成危险和危害，保障该水域水上安全，需对某港区X号泊位船舶碰撞事故原因及规律进行分析研究，并提出针对性的保障措施和建议。

5.6.2 模拟试验方案设计

(1)通航环境分析：分析论述项目水域的自然条件，着重对潮汐、潮流特征进行分析，把握项目附近的水动力特性；分析码头泊位分布情况、航道现状等；搜集各个码头单位的进出港资料、过往船舶资料，利用AIS统计附近水域的交通流量，统计交通事故情况等。

(2)潮流水动力数值模拟：首先，采用港区最新实测水下地形资料，建立天津港平面二维潮流水动力数学模型；其次，用最新实测水文资料对模型进行潮位、流速、流向验证；最后，利用TK-2D软件对某港区X号泊位前沿、交汇水域水动力条件进行分析。利用潮流水动力数值模拟研究，可掌握项目附近水域的水流情况。

(3)碰撞事故致因分析：通过对某港区X号泊位近5年的碰撞事故数据统计，

对导致船舶碰撞的人、机、环境三方面因素及其作用机理进行研究分析，建立基于贝叶斯网络的全因素船舶碰撞致因分析模型，通过该模型找出导致船舶碰撞的三方面因素对碰撞事故最终发生的影响程度及其之间的相互关系，利用贝叶斯网络的诊断推理寻找船舶碰撞的逆向致因链条。

(4)船舶操纵模拟试验：选取事故船型，模拟事故发生时的风、流、附近泊位及航道交通情况，找出事故发生的原因，运用反复试验提出可行的避免事故的操纵方案。

(5)安全保障措施研究：利用碰撞事故数据统计分析、碰撞事故致因分析及船舶模拟试验可得出该水域发生碰撞事故的原因和规律，找出关键控制点，从人为方面、船舶方面、环境方面及管理方面提出针对性的保障措施和建议。

5.6.3 模拟试验过程(以A轮与B轮碰撞事故模拟试验为例)

1)模拟试验方案

模拟试验选取的风为ENE向，选取的风力为7级和8级；选取数模计算的模拟流场，根据计算，事故发生时的流速为0.08m/s。设置的模拟试验方案如表5-5所示。

碰撞事故试验方案　　表5-5

序号	试验类型	风况	流况	采取的措施
1	事故还原试验	ENE-7	数模流场	—
2	事故还原试验	ENE-8	数模流场	—
3	事故避免试验	ENE-8	数模流场	增大横距，80m
4	事故避免试验	ENE-8	数模流场	增大横距，110m
5	事故避免试验	ENE-7	数模流场	提前降速，直接靠泊
6	事故避免试验	ENE-7	数模流场	提前降速，掉头靠泊

2)模拟试验结果分析

(1)事故还原试验

本试验做了7级NNE的事故还原试验(图5-42)，试验中，A轮与B轮发生碰撞。7级风力情况下，船舶向右掉头完成并向X号泊位航行过程中，产生的横移速度最大为0.45m/s。

通过对该事故还原试验的分析可知，发生碰撞的主要操纵原因在于：①船舶抵达泊位位置时的航速过快；②直航靠泊时与B轮的横距过近。

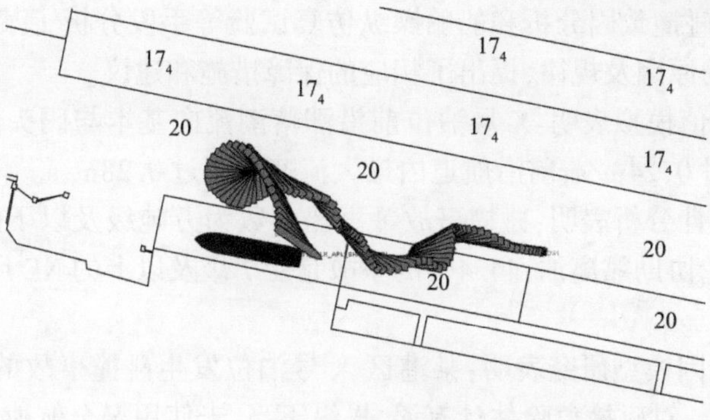

图 5-42 A 轮与 B 轮碰撞还原试验(7 级风)

(2)事故避免试验

①图 5-43 和图 5-44 为提前降低船速(到达泊位位置船速在 1kn 以内)的模拟试验,从试验结果可知,通过降低船速,A 轮可顺利地靠泊 X 号泊位。

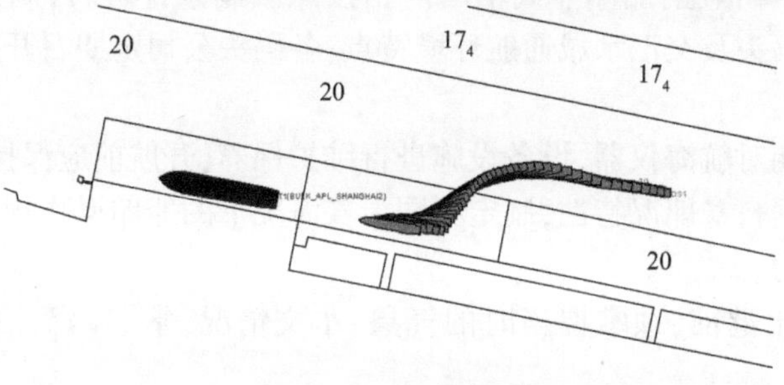

图 5-43 A 轮直接靠泊试验

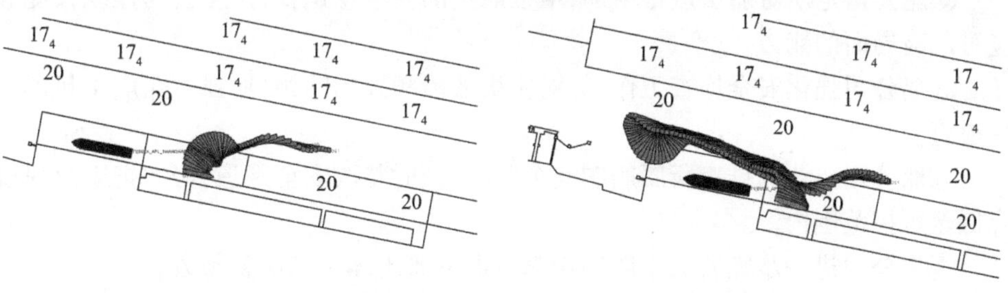

图 5-44 A 轮掉头靠泊试验及增大横距后的模拟试验(8 级风,横距 110m)

②为选择合理的横距,需计算风、流致漂移量,按照距岸 110m 进行模拟试验,在增大横距后,可以避免该类事故的发生。

5.6.4 模拟试验结论

根据码头水域的特点,通过水流数值模拟掌握项目水域的水流情况,利用事故数据统计分析、碰撞致因分析和船舶操纵仿真试验等手段分析了某港区 X 号泊位碰撞事故发生的原因及规律，提出了相应的保障措施和建议。

(1)水流数值模拟表明：X 号泊位前沿涨落潮流向基本与码头前沿平行，前沿最大流速不超过 0.24m/s，前沿航道内最大流速不超过 0.28m/s。

(2)事故统计分析表明：碰撞事故肇事船多数为万吨级及以下的自引船舶，大部分未使用拖轮协助靠离泊；44.4% 的事故是受 7 级及以上的 NE 风或 NW 风的影响所致。

(3)碰撞致因模型研究表明：某港区 X 号泊位发生碰撞事故的主要原因为天气状况考虑不全、对碰撞危险估计有误、操纵不当、未使用安全航速、未能及时采取行动、主机故障或失灵、大风浪天气。

(4)船舶操纵模拟试验表明：某港区 X 号泊位发生碰撞事故的主要原因为船舶航速过快、船舶操纵不当、大风天气。

(5)安全保障措施：船舶靠离泊时严格按照限制条件进行；制定安全提示书，详细介绍各个码头及交汇水域通航环境特点；各码头公司定期召开安全保障会。

(6)建议。

①船舶定期对航海仪器、设备设施进行维护保养，开航前应保持船舶适航。

②船舶根据自身船况特性，制定不同天气海况下的船舶操作规范，以增强应对危险局面的能力。

③船舶进出港前，须掌握当时的气象、水文情况，掌握码头泊位停泊船舶的情况。

④船公司定期对船员进行培训，增强船员的安全意识，增强船员的操纵技能和应对危险局面的能力。

⑤船公司强化安全检查工作，针对主机故障频发的问题，加强对船舶主机的监督检查。

⑥船公司要认真排查所属船舶安全风险，及时整改安全隐患，努力把安全风险降低至可控范围内。

⑦船公司进一步完善关于船舶操纵方面的管理体系和应急预案。

⑧码头公司定期召开安全保障会，总结安全管理经验，吸取事故教训，为码头安全生产提供支持。

⑨码头公司应合理安排进出港动态，充分使用码头岸线，降低靠离泊时产生的安全风险。

⑩码头公司根据气象及泊位上的停靠船舶情况为预靠泊船留出足够的指泊长度。

⑪建议制定安全告知书，详细介绍各个码头及交汇水域通航环境特点，提前向船舶方、船公司发送。

⑫对于自引船舶，建议码头公司实施船舶信息预报机制，靠泊作业过程中码头公司按照专人利用 CCTV 和现场进行双重监控。

⑬对于在该水域靠离的小型自引船，尤其是泊位两侧有船的情况下，当预报风力在 6 级及以上时，建议船舶申请拖轮协助，并应预留足够的泊位长度。

⑭建议建立码头公司内部航运公司、船舶两个数据库，对发生事故（或存在安全隐患）的船公司和船舶进行重点监控。

参 考 文 献

[1] 金一丞,尹勇,魏毅,等.航海模拟器视景中夜景和雾景研究[J].大连海事大学学报,1998(2):3-5.

[2] 金一丞,尹勇,任鸿翔,等.航海模拟器中的视景系统[J].大连海事大学学报,2001(2):16-21.

[3] 尹勇.分布式航海仿真系统中视景实时生成算法的研究[D].大连:大连海事大学,2001.

[4] 任鸿翔,金一丞,尹勇.航海模拟器视景的建模[J].大连海事大学学报,2001(4):20-23.

[5] 关克平.航海模拟器视景建模技术研究及应用[D].上海:上海海运学院,2002.

[6] 卜平.船舶操纵模拟器在航海教学与培训中的应用研究[D].上海:上海海事大学,2003.

[7] 刘丽娟.电站非恒定流对下游航道影响的研究[D].成都:四川大学,2004.

[8] 李彪.水库调节对枢纽间河道通航水流条件的影响研究[D].长沙:长沙理工大学,2006.

[9] 孔宪卫.船舶操纵运动数学模型及其在通航安全论证中应用[D].天津:天津大学,2007.

[10] 李焱,郑宝友,陈汉宝.港口通航环境对船舶航行安全的影响分析及评价[J].水道港口,2007(5):342-347.

[11] 曹民雄,马爱兴,王秀红,等.内河航道横流对船舶航行的影响[J].交通运输工程学报,2008(1):61-67.

[12] 包国江.基于航海模拟器的船舶操纵评估系统的研究[D].大连:大连海事大学,2008.

[13] 张丹.基于实时模拟流场的武桥水道船舶操纵模拟及通航方案研究[D].武汉:武汉理工大学,2009.

[14] 郑元洲.桥区水域船舶失控船桥碰撞应急操纵技术研究[D].武汉:武汉理工大学,2010.

[15] 孟祥玮. 船闸灌泄水引航道非恒定流研究[D]. 天津:天津大学,2010.

[16] 关腾飞,童仁杰. 基于内河船舶操纵模拟器的操作及应急训练方案设计[J]. 沿海企业与科技,2011(12):43-45.

[17] 刘晓平,李明,方松森,等. 桥区河段横流对船舶航行的影响[J]. 水利水运工程学报,2012(2):21-26.

[18] 霍虎伟. 航海模拟器中全回转拖轮操纵运动建模与仿真[D]. 大连:大连海事大学,2013.

[19] 刘钊,刘敬贤,周锋,等. 船舶交通流行为特征及其在海上交通组织中的应用[J]. 大连海事大学学报,2014,40(2):22-26.

[20] 熊欣. 基于航海模拟器的船舶交通仿真系统的研究[D]. 大连:大连海事大学,2015.

[21] 宋天骄. 船舶操纵模拟器仿真可信度的研究[D]. 大连:大连海事大学,2015.

[22] 胡真真. 电站日调节非恒定流传播特性及对下游航运条件影响研究[D]. 重庆:重庆交通大学,2015.

[23] 郎丰旺,周立佳,程美鹤. 风对海上船舶的影响分析[J]. 中国水运(下半月),2015,15(6):5-7+9.

[24] 邢政. 风对船舶运动的影响及估算[J]. 航海,2015(4):38-40.

[25] 黄荣海. 大型集装箱船舶港内应急抛锚的操纵分析[J]. 港口经济,2016(5):58-60.

[26] 李大鹏. 狭窄水道中船舶主机失控的应急操纵[J]. 港口经济,2017(5):58-61.

[27] 李锋. 桥区水域船舶失控、船桥碰撞的应急操纵技术研究[J]. 江苏科技信息,2017(32):34-35+48.

[28] 王子才. 仿真技术发展及应用[J]. 中国工程科学,2003(2):40-44.

[29] 廖河树. 大型船舶操纵模拟器的系统组成及分析[J]. 中国航海,2003(2):10-13+19.

[30] 赵春波. 航海模拟器仿真研究在港航工程评估中的应用[J]. 中国水运(理论版),2007(4):9-10.

[31] 熊振南,翁跃宗,周世波. 船舶操纵模拟器在港口通航安全评估中的应用[J]. 集美大学学报(自然科学版),2008(1):57-61.

[32] 杨神化,郑敏杰. 大型船舶操纵模拟器的硬件设计与应用[J]. 电子技术应用,2013,39(8):123-126.

[33] 金一丞,尹勇. 公约、技术与航海模拟器的发展[J]. 中国航海,2010,33(1):

1-6 +36.

[34] 陈声柳.航海模拟器研发设计之探讨[J].实验室科学,2011,14(5):174-176 + 179.

[35] 关克平,徐铁,肖英杰.港航设计论证中的电子海图数据生成技术研究[J].中国航海,2009,32(4):4-8 +12.

[36] 赵学军,齐绍江.从航海模拟器的局限性展望其发展方向[J].青岛远洋船员学院学报,2009,30(3):15-17.

[37] 马振霞.船舶操纵控制虚拟现实仿真的研究[D].大连:大连海事大学,2013.

[38] 王逢仅.大型船舶操纵模拟器控制台的结构与设计[D].大连:大连海事大学,2003.

[39] Hyun K. Kim, David W. Rattner, Mandayam A. Virtual-reality-based laparoscopic surgical training: The role of simulation fidelity in haptic feedback[J]. Computer Aided Surgery, 2004 (5).

[40] CarolO' Sullivan, John Dingliana, Thanh Giang, et al. Evaluating the visual fidelity of physically based animations[J]. ACM Transactions on Graphics (TOG), 2003 (3).

[41] George S. Fishman, Philip J. Kiviat. The Analysis of Simulation-Generated Time Series[J]. Management Science, 1967(7).

[42] Shi, C. Application and functional requirements of simulator in harbor and waterway design[J]. Journal of Korean Navigation and Port Research, 2002.

[43] Fishman G S, Kiviat P J. The analysis of simulation generated time series[J]. Management Science, 1967.

[44] Kheir, Naim A., Holmes, Willard M. On validating simulatioin models of missile systems[J]. Simulation, 1978.

[45] Balci, Osman, Sargent, Robert G. Validation of simulation models via simultaneous confidence intervals[J]. American Journal of Mathematical and Management Sciences, 1984.

[46] Montgomery D C, Conard R G. Comparison of simulation and flight-test data for missile systems[J]. Simulation, 1980.

[47] Balci 0, Tech V. Verification, validation, and certification of modeling and simulation applications[J]. Winter Simulation Conference, 2003.

[48] Dimensions and Attributes of Simulation Fidelity[J]. Pace D K., 1998.

[49] R. D. Wright. Validating dynamic models: An Evaluation of Tests of Predic-

tive Power[J]. Proceedings of the 1972 Summer Computer Simulation Conference, 1972.

[50] Zeigler B. P., Preahofe H., Kim T. G. . Theory of Modeling and Simulation [J]. 1999.

[51] S. Schlesinger, R. E. Crosbie, G. S. Innis, et al. Terminology for model credibility[J]. Simulation, 1979.